El Camino del Maestro
De inocente, a maestro en seducción

El camino del maestro

John Danen

Published by John Danen, 2023.

EL CAMINO DEL MAESTRO

First edition. September 8, 2023.

Copyright © 2023 John Danen.

ISBN: 979-8224412525

Written by John Danen.

Table of Contents

Este libro me lo dedico a mí mismo por haber sido capaz de recorrer este camino.

Introducción.

Llegar arriba no es fácil en absoluto, es más, es extremadamente difícil. Se pasan infinidad de problemas y terribles momentos donde todo se ve negro, tan negro que incluso abandonas pensando que no es posible.

En este libro voy a relatar cómo llegar al éxito basándome en mi aventura personal para llegar a donde llegué, que si bien no es un éxito brutal, sí que lo considero un éxito. No voy a contar sólo los éxitos, sino también los fracasos, la cara b, el duro aprendizaje, pues cada vez que cometes un error hay un aprendizaje, y también fracasando se avanza y se llega tras mucha práctica, a maestro.

La gran enseñanza de todo el libro es que hay que ser un fajador, un tipo que aguanta los golpes, se levanta y sigue. Un tipo que tiene Enorme ambición y que casi siempre está descontento de su rendimiento, un tipo que está dispuesto a seguir sufra lo que sufra. Quien hace esto puede llegar al final del camino.

En el libro "Como materializar lo que deseas con el fxxxxx Power" explico detalladamente y de un modo impersonal los pasos que hay que seguir para llegar al éxito, en este libro voy a contar cuál ha sido todo mi recorrido, los buenos y malos momentos que he pasado. Te daré las claves y las habilidades que hay que adquirir, extrayendo la enseñanza de cada situación vivida. Espero que te sirva de inspiración para recorrer tu propio camino y llegar a dónde quieras llegar, que ojalá sea un lugar muy alto.

La crudeza de la vida.

Así es, la vida es terriblemente cruda. Casi nadie llega a algo decente, muchos no tienen ni siquiera un proyecto, estos que son la gran mayoría, no llegan a ninguna parte, pues tienen una vida por defecto, que es la que les es asignada por el sistema. De entre los que tienen una visión clara de adonde quieren llegar, algunos, los que le ponen firme determinación para transformar su vida actual en su vida ideal, llegan.

El tiempo pasa y muchas veces las habilidades merman, las fuerzas flaquean. Por supuesto que no tienes apoyo de nadie, ni de la familia, ni de los amigos. Nadie va a entender que quieras ser un gran ligón, un seductor. Lo van a ver mal o al menos van a pensar - ¡Este hombre está loco!-. Así que cómo nadie te va a entender ni a ayudar, al único que tienes es a ti mismo y es a ti a quien tienes que seguir y a quien tienes que agradar.

Quien no tiene firme determinación, quien no es capaz de sacrificar mucho de su vida por esta causa, quien no puede centrarse en esto, quien no es capaz de una, inmensa, dura y absorbente dedicación, fracasa por completo.

Los fracasados.

Mucha gente se ha rendido al sistema sin ni siquiera ser conscientes de que no han proyectado un modo de vida para sí mismos, que han estado viviendo una vida por defecto sin aspirar a nada. Si no tienes un autoconcepto exitoso de ti mismo y ambición para llegar, no llegarás más que a la más absoluta mediocridad en tu vida.

La gente muere sin haber vivido, sin haber conseguido lo que ellos querían, sin haber desarrollado bien su potencial.

Se les reconoce porque deambulan, pero no andan. Van sin rumbo en la vida de aquí para allí sin un plan claro. En sus cabezas sienten la vida como un lugar hostil donde sobrevivir es suficiente, y sólo aspiran a eso. A una vida por defecto, a un trabajo común, una novia del montón, una economía que les dé para vivir sin muchos lujos. Con que no sufran penurias es suficiente. El trabajo que realizan será siempre por cuenta ajena, es decir trabajarán para otros, pues no tienen el valor y la visión para emprender por sí mismos.

Teniendo mal el área económica esto repercutirá en su autoestima y estropeará las demás áreas. Sólo algunos pocos podrán seducir con esta área mal, los de verdad buenos.

La seducción es más difícil aún que el área económica. Por eso ya la gran mayoría ni intentan.

Pero hay algunos que si tienen lo que hay que tener, una dedicación monstruosa, un autoconcepto a prueba de fracasos, una creencia interna de que ellos son atractivos. Estos pocos que nacen muy guapos y son demandados sólo por esto, y sobre todo, los que desarrollan su atractivo por sus ganas enormes de seducir a las chicas y están dispuestos a sacrificar lo que haga falta y poner la dedicación ingente que es necesaria, estos pocos mostrarán el camino a los demás y harán cosas imposibles para todos. Cosas envidiadas al máximo como estar con muchas chicas guapas.

Para mí todos los demás son los perdedores, los que no llegan, los que por mucho dinero que ganen no son envidiados en absoluto, pues las mujeres que tienen no son seducidas por ellos, sino por su dinero. Los seductores somos los ganadores y todos los demás los perdedores.

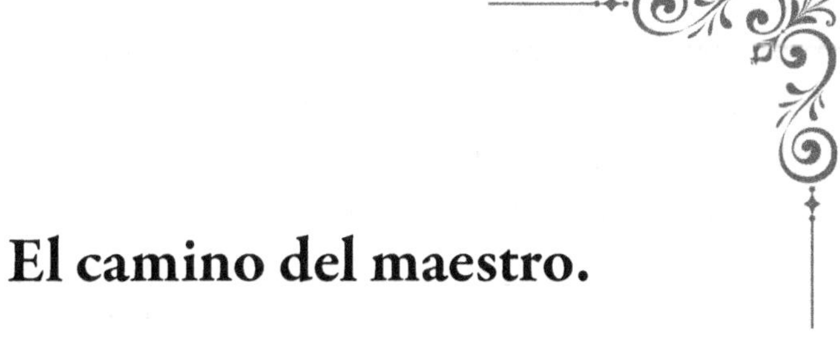

El camino del maestro.

El camino del maestro es un camino increíblemente duro. Lo curioso de este camino, es que cuando lo emprendes ni siquiera eres consciente de que estás empezándolo, pues normalmente tus objetivos no son convertirte en un maestro en seducción, simplemente quieres mejorar. Este camino suele tomarse a los 12, 14, o 16 años.

Creo que hay gente que es incapaz de tomar este camino, gente que lo rechaza intelectualmente considerando esto algo malo. Gente que para nada quieren convertirse en maestros en seducción. Otros inician este camino sin darse cuenta, pues lo que es una pequeña cosa hoy, será el punto de inicio para grandes cosas mañana, así que normalmente no sabes muy bien cuando lo comienzas a andar.

Lo que sí que sé es lo que me ha pasado a mí, por lo que esto puedo contarlo. También puedo dar mi opinión de cómo otros toman el camino.

Creo que el camino del maestro se inicia en un lugar muy remoto en el tiempo, cuando todavía eres un niño y empiezas a fijarte en las niñas y a gustarte ellas. Esto puede suceder entre los 10 y los 12, siendo ya a los trece algo imperativo. El camino del maestro empieza un lejano día en la infancia tardía, cuando no eres ni niño ni adolescente, eres una cosa intermedia. Ese día empiezas a desarrollar esta atracción por las mujeres.

En mi caso creo que este camino ya lo empecé en la infancia, porque siempre me gustaron las niñas. Siendo un niño pequeño, había chicas que me parecían muy guapas, y con las que imaginaba situaciones donde yo era su héroe, las protegía y estaba con ellas; aún sin saber muy bien qué hacer. En mi imaginación estaba cerca de ellas, en contacto físico y ellas me admiraban, me miraban mucho y yo me sentía querido. Así empieza el camino del maestro. En la imaginación de un niño que se siente atraído por las chicas y quiere gustarlas.

Así que prácticamente todos iniciaron este camino, porque estoy seguro de que esto es algo que muchísimos imaginaron y sintieron. Empezaron el camino prácticamente todos, pero casi ninguno lo recorrió por completo.

Otros se inician en este camino más tarde, cómo no sé cómo es la cabeza de cada uno voy a contaros lo que viví yo.

La infancia.

Como dije antes ya desde muy pequeño me gustaban las niñas, además parece ser que tenía un cierto magnetismo y también les gustaba a ellas, por lo menos un poco. Recuerdo que cuando tenía cuatro o cinco años mi madre me sacaba a la terraza a comer. Enfrente en el balcón cercano vivían dos niñas llamadas Marián y Beatriz, y cuando yo salía a comer ellas me veían y le pedían a su madre salir también. Yo estaba hablando con ellas riéndome y pasándolo bien y gracias a esto esas niñas también comían la comida mirándome. Su abuela decía que siempre que salía a comer a la terraza las niñas estaban entretenidas y comían.

También es verdad que tenía bastante gracia y salero y era simpático y hablador, sabía hacer reír a la gente, imitaba a las personas y cosas así que me hicieron ser bastante popular. Pero esto fue ya más mayorcito, no ahí en la terraza.

Sobre los seis años, estas amigas precisamente, se chivaron a la niña que me gustaba de que a mí me gustaba ella, esto me sentó fatal y estuve por ahí llorando porque me hicieron pasar mucha vergüenza diciéndole esto. Además eran ocho o diez niñas todas diciendo esto delante de ella, así que quizá quedara un poco traumatizadillo, pero bueno tampoco fue algo muy grave creo.

Lo siguiente importante en el trato con las chicas fue allá sobre los 9 años, cuando mis amigos me llevaron a perseguir a una niña y a decirla guapa, a mi ni me iba ni me venía pero lo hice por ir con ellos. Esta era una niña más mayor de unos 12, mucho más grande que nosotros. A la niña se le inflaron las narices y se volvió contra nosotros y me agarró a mí, que era el más inocente, y de sorpresa, me pegó una bofetada que me dejó ko. Esto sí que fue un trauma pues lo olvidé durante muchos años y lo recordé un día cuando tenía 31. Puede que esto fuese lo que me trastornara un poco contra ellas. Y así a ostias, en mi interior sin saberlo se puso la base para ser un chico malo, pues esto quedó ahí olvidado pero afectando al interior. Yo creo que al principio les cogí miedo y después esto se revertió en desprecio. Pienso que todo lo que pasa es por algo, así quiso Dios que tuviese ese rencor dentro sin saberlo, lo cual poco a poco fue saliendo en comportamientos de chulo arrogante que tantas victorias me dieron.

A los 31 debió de salir todo el trauma y la cosa estaba ya equilibrada en cuanto al mal comportamiento por cada parte así que lo pude recordar.

Y así haciendo más mal que bien, les devolví el mal causado.

A los doce años había una chica que me gustaba, siempre había alguna que me gustaba y claro ni me atrevía a hablar con ella, era tímido e inseguro a causa de este trauma y no era capaz de hacer nada especial, era un tonto de manual. A esta chica estuve a punto de darle un beso en la boca a los 12 años simplemente pidiéndoselo. Ella me dijo que sí, pero cuando se puso frente a mí, no supe que hacerla y me acojoné y no le hice nada.

Después a los trece habiendo lamentado todo el puto año la inutilidad hecha el año anterior, volví a la carga e intenté con esa misma otra vez, y esta vez si se lo di, y me supo a gloria. Fue mi primer beso con lengua y esto me cambió y me hizo sentirme más ganador. Era el verano de 1983.

Cualidades adquiridas:

- Deseo de redimirte de tus errores pasados. Esto es simplemente deseo de mejorar.
- Atreverte a interactuar.
- Tener el valor para pedir.

Todo parte de un deseo, de algo con lo que no estás satisfecho y que quieres mejorar, ahí empieza el camino del maestro. Fruto de ese deseo, de ese no estar contento, surge la acción, la acción pésimamente hecha, pero acción al fin y al cabo. Quien no sabe crear atracción, simplemente va detrás de ellas estando por debajo de ellas, y su única manera de hacer algo es pedir.

Esto es lo más básico y simple y es muchas veces olvidado. El que pide esta accediendo directamente al cierre. Se nos olvida muchas veces lo más básico, pedir. Si no consigues lo que quieres de modo más sofisticado, pide. Sé el bebé que llora al que le dan teta. Pide y, algunas veces, se te dará. Quien no intenta ni pide, muy mal va.

Todo estaba por hacer. Al menos con estas cualidades vas avanzando dándote golpes. Esto es mejor que no hacer nada.

- Desea mejorar.
- Interactúa
- Pide.

Con este beso acabó mi infancia y empezó la adolescencia.

Adolescencia, inicios.

Gracias a este aprendizaje tuve las armas más básicas para seguir sumando. Así un día en mi lugar de veraneo al año siguiente, el 1984, le dije a otra chica que le quería dar un beso y dijo que sí, y bien que se lo di. Pero con estas armas tan poco sofisticadas poca cosa se podía hacer, y además me faltaba otra cualidad importante que era atreverme a usarlas.

El año siguiente el 1985 no tuve ese descaro y pese a conocer infinidad de chicas, a ninguna tuve los cojones de decirle esto. Así que poco se hizo en esta época de aprendizaje.

La siguiente mejora era usar tus armas y yo no las usé.

Este fue un periodo duro, duro no, durísimo. A las inmensas ganas de besar a chicas y hacer cosas con ellas se unía una necesidad sexual tremenda, que te hacía estar a su merced, pensabas mucho en ellas, estabas necesitado y dependiente al máximo, estabas sexualmente súper frustrado y no sabias nada de nada. Una época que fue dura, pero como no conocías otra cosa, te parecía buena, porque tenías la ilusión de avanzar y disfrutabas cada interacción.

La gente poco a poco iba espabilando y veías como uno hacía algo con una, otro con otra, otro con varias. Practicabas e interactuabas a discreción, pero poco aprendías, pues no entendías nada de lo que sucedía.

Yo estaba simpático y divertido, intentaba hacerlas reír y pensaba que con eso quizás les gustase, tanto empleé esto que acabé convirtiéndome en el amenizador de la gente, el tipo simpático al que buscan para estar a gusto, pero que por su absoluta falta de picardía, candidez, inocencia, y timidez, no era capaz de atraer a ninguna. Si alguna era atraída, encima de chulito no la consideraba merecedora de que la hiciese caso, así que perseguía a algunas que me rechazaban, y rechazaba a las que yo les gustaba.

A los 15 muy avanzados o principios de los 16 años, me di cuenta de este error y decidí no agradarlas de más como había hecho antes, siendo un divertido y alegre muchacho, cosa que está muy bien, pero que no es suficiente para gustarlas, al no tener la malicia del chico malo, el que las hace sufrir con su maldad y picardía. Me di cuenta de esto y lo apliqué bastante bien, pero eso no era ni por asomo suficiente. Estaba ablandado, me gustaban demasiado y así viéndolas como maravillas poca cosa podía conseguir.

En estos años de los 15 y 16 aprendí a no agradar en exceso, a hacerme más interesante y duro. Esto costó de aprender pero lo aprendí.

Otra cosa que aprendí es a considerarme un gran guaperas, sentirme a veces superior a ellas y esto sí que valió, pero sólo lo aplicaba a las que no me gustaban.

Este tiempo no fue desaprovechado, fue parte del proceso de aprendizaje. Así nos plantamos en el final de los 15 ya con alguna mejora importante.

Las enseñanzas de estos años que debes de meter en tu psique son:

- No agradarlas de más, no hacer el payaso, no estar disponible para ellas siempre agradándolas, para que luego fueran otros más malotes los que se las llevasen.
- Creerte una gran belleza y gustarte a ti mismo.

También, muy poco a poco, fui empezando a detectar a las chicas a las que yo les gustaba, esto fue fácil, pues por mi gran belleza había muchas a las que yo les gustaba y yo lo notaba, y pese a mis inmensos fallos, ellas me validaban para salir con ellas.

Esto que fue una gran mejora no hizo sino destapar las enormes carencias internas que tenía. Lo cuento en el siguiente capítulo.

Adolescencia. Fase Clark Kent.

Pues sí, yo en esta época de los 15 y pico y principios de los 16 era un tío muy pero que muy guapo, algo espectacular y ello aceleró mi relación con las chicas, pues ellas venían a mí, se me presentaban, me escribían cartas de amor, y todo lo que imagines.

Me empecé a dar cuenta de que el físico importa de cojones cuando estás realmente bueno. Y yo lo estaba a niveles tremendos. Así que, a algunas les dije que sí que salía con ellas, y aquí se vio que detrás de mi físico imponente no había más que un niño acobardado.

Les tenía miedo, pensaba que no sabía besar bien, que haría el ridículo y se iban a reír de mí, por eso las 4 primeras que salí con ellas no pasé de darles piquitos en la boca. Al final ellas se cansaban de tener un tonto y me dejaban, cosa que me aliviaba un poco, pues vivía cada día con miedo y estresado, pero también me cabreaba terriblemente por sentirme tan tonto. Le eché la culpa a ellas en vez de a mi por no haberme ayudado más a besarlas, y me volví un poco rencoroso.

Esto era debido a que la segunda chica que besé allá por los 14 años dijo que yo no sabía besar, por culpa de ello pasé un tiempo sin atreverme a besar a ninguna, como si eso no se pudiese aprender. Hice el ridículo y tuve que ver como alguna que salía con ella de la mano y estaba de novia conmigo y no besé por cobarde, al poco se liaba con alguno mucho más listo que yo. Esto que fue una puta mierda, a la postre fue excelente, pues me dio la mala ostia para valorarlas menos y gracias a esto, mucho más tarde, poder ligarlas en masa.

Un día un compañero del instituto me presentó a unas chicas de mi edad, ellas estaban fumando y se las veía muy experimentadas, a mi me intimidaron y estuve muy tímido, incluso llegué a tartamudear del miedo que las tenía. Esto fue el tocar fondo en mi fase de tonto perdido. Estaba en esta fase porque con ese miedo había involucionado y ya no era ni tan divertido ni extrovertido, sino un poco miedoso de las chicas que parecía que tenían 10 años más que yo, pues yo ni salía, ni fumaba, ni bebía.

Esta involución la achaco también a la sobreprotección de los padres, y a los cambios de domicilio, pero sobre todo a lo primero, a que los padres no me dejaban hacer nada y me tenían como un niño. Esta fase horrible afortunadamente acabaría en muy poco tiempo.

También una vez rechacé a una chica que me gustaba y además mucho y yo le gustaba a ella. Ello fue debido a estar totalmente influenciado por mi madre que empezó a criticarla y minusvalorarla. Esta chica estaba loquita por mi y fue una auténtica majadería el rechazarla, pues estaba además muy bien. Fue una relación de más de un año que se jodió por hacer caso a mama. Era la chica que estaba destinada a ser la novia nº 1 y ¡Vaya si me arrepiento! Me arrepiento de no haber hecho lo que tenía que haber hecho. Y esto jamás volverá, la oportunidad que rechazas no vuelve y se paga después carísima. Esto se castigó con brutalidad después pasando todas esas penurias que no hubiese pasado si hubiese besado a esa. Si Dios te la da debes aprovecharla.

La enseñanza de todo esto fue:

- El físico si es brillante importa muchísimo.
- Las chicas no van a tomar la iniciativa en el beso y prácticamente en nada, has de ser tú el que tome la iniciativa.
- Estar cabreado (por ser tan inútil o por lo que sea) es bueno, pues te hace avanzar.
- Debes de superar tus miedos. Para avanzar hay que enfrentarse a ellos, cosa que no hice, pero que es la enseñanza más importante de esta época.

- No hagas caso a tus padres en todo.
- Jamás desaproveches una buena oportunidad, pues si lo haces, serás durísimamente castigado.

Adolescencia. Venciendo los miedos más ridículos.

Un día a los 16 quedé con un compañero del instituto que conocía a una chica de Valencia y me la quería presentar. Allí que fui y me la presentó, y le estoy agradecido por ello. Me la presentó porque ella era de Valencia y como yo tenía mucha vinculación con Valencia, pues se le ocurrió el presentármela. Seguramente ella me había visto u oído hablar de mí y esta fue la escusa para conocerme.

Yo la conocí y poco más pasó ese día. Otro día me encontré con esta valenciana y ella estaba con una amiga. Yo iba a la discoteca esa tarde y esta amiga que se llamaba Isa también iba allí, así que me fui con ella.

Esa tarde flui muy bien, me desinhibí y me tomé unos cubalibres con esta Isa en la disco.

Yo no valoré especialmente a esta Isa sino que la vi como una tía mas, ni bien ni mal, con lo que no estaba intimidado ni me gustaba ni me parecía fea, ni sentía nada especial. Y así sin valorarla en exceso y desinhibido por el alcohol alcanzamos una buena comunicación y acabamos hablando mucho, riendo y pasándonoslo muy bien, y eso irremediablemente, sin quererlo ni planearlo, llevó a que pasase toda la tarde besándome con ella sin parar. Di un buen show y así ese día vencí mis ridículos miedos a besar a las chicas y dejé de hacer el friki con ellas. Súper tarde, de casualidad y sin buscarlo, pero eso fue lo que pasó. Pasé una tarde-noche fantástica. La valenciana se enteró de todo y ello no sólo no me perjudicó, sino que me subió el estatus y en poco tiempo caería ella también en mi red.

Este día di otro paso más en el camino del maestro, dejé de ser un friki tontaina y pasé a ser simplemente un tonto guapo. Y siendo tan guapo con ser tonto bastaba para ligar mucho en esos tiempos remotos.

Así que ¿Qué aprendemos aquí?

- Aprendemos que si no las valoramos mucho tendremos más posibilidades de gustarlas.
- Si somos desinhibidos y divertidos las atraeremos. Lo cual fue muy fácil por el fluir de la interacción.

Tan pronto como dejé de pensar, desactivé el cerebro y las ideas limitantes que me aplastaban y simplemente hice lo que el instinto me pedía, hice todo bien y besé a la chica de la forma más natural del mundo. No tuve que vencer ningún miedo porque en esos momentos no tenía ningún miedo. Así de fácil. No pensé nada.

Así que no pienses actúa.

Resumiendo más:

- No valores mucho a las chicas.
- No pienses en ellas ni en la interacción, ni en nada negativo, pensar debilita tu carisma. En la interacción solamente fluye.
- Sé divertido y desinhibido.

Primeras buenas acciones.

En Palma de Mallorca, a los 17 recién cumplidos, estaba yo en la discoteca junto a otros centenares de adolescentes de todas partes de España. Todos íbamos allí a disfrutar nuestras excursiones al acabar 3º de BUP.

En la pista, había una chica impresionante, era la más guapa de toda la discoteca. Ella estaba bailando contorneándose y a su alrededor se arremolinaban al menos 5 tíos mirándola y claramente interesados. Dije 5 pero quizás fuesen más, algo así como 7 u 8. Yo me acerqué a uno de esos y le dije -joder ¡si que está buena! y él dijo -¡si tío es impresionante!

Me quedé allí unos pocos segundos y lo tuve muy claro, no me iba a quedar parado como un imbécil admirándola, así que sin pensarlo nada, tuve los huevos de ir a hablar con ella, además fui seguro decidido y súper directo.

Mi presentación fue algo así como.

-Hola, ¡qué buena estás!, me pareces la tía más buena de la discoteca, te he visto y la verdad me gustaría conocerte. Ella dijo

-Vale-

Yo le dije

-Vamos fuera de la pista.

Se vino conmigo para envidia de toda la puta discoteca, los admiradores quedaron allí jodidos de no haber sido ellos los valientes, y nos fuimos a poner junto a una columna acolchada y allí en muy poco, o le dije que la quería besar, o ella ya directamente me lo dijo a mí, o se hizo con facilidad sin decir gran cosa. Además a ella se la veía contenta, tan contenta como yo de estar conmigo. Y esa noche estuve besándome con una tía buenísima para envidia de toda Mallorca.

Después de esta exhibición muchos me empezaron a llamar "el maestro" por semejante acción. Y aunque estaba en el paleolítico de la seducción, con la cara bonita y buen cuerpo que tenía, a poco que pedía se me daba. Usé estas armas para hacer lo que hice, que no fue una cosa loca, pues no hubo sexo, pero a mí me subió la autoestima una barbaridad.

Enseñanza.

- Ten confianza en ti y éntralas aunque sean impresionantes, muchas veces nadie se atreve, y el que si lo hace es muy premiado.
- Si eres muy guapo abusa de esto y con poca cosa que hagas las valdrá y se irán contigo.
- Aíslala, sepárala del lugar donde esté, si acepta esto es que le gustas. Esto lo aprendí hablando con otro que en esa época despuntaba y me enseñó este truco. Yo lo aprendí de maravilla y puse en práctica esa noche por primera vez.

Belleza.

Por esta época de los diecisiete le puse firme determinación, y con la confianza que dio ese gran triunfo, me dediqué intensamente a intentar ligar a las chicas.

Fruto de esta dedicación ligué a muchas y con mucha facilidad, realmente metí una marcha superior, muy por encima de la que eran capaces de desarrollar los chicos de mi edad.

Las ligaba y despreciaba después como si cada una fuese la culpable de algo. Era un niño cabreado que se quería vengar por lo mal que lo pasé anteriormente cuando fui tímido y bueno y me lo pagaron abandonándome. En el fondo era todavía sólo eso, un niño.

Ahora más seguro de mí empecé a despuntar. La belleza te da confianza, la confianza te da éxitos y estos a su vez te dan más confianza. Tampoco tenía que entrar a muchas, simplemente con pedir bastaba, y a veces ni eso hacía falta, que ya me venían ellas; se me presentaban, me pedían para salir, o gritaban mi nombre diciendo tío bueno por la calle. Me veían y se les caían las bragas, me decían piropos, prácticamente tenía que hacer muy poco para ligar.

Recuerdo que una vez en la discoteca se me presentaron un montón de chicas de una pandilla. Eran tantas hablando a la vez queriendo conocerme, que no podía atender a todas juntas porque no entendía lo que me decían, así que les dije que hicieran una cola para que pudiera conocer bien a cada una, y ellas hicieron una cola de seis o siete chicas.

Usaba esta técnica de entrarlas, ser simpático y divertido, y al poco tiempo decirles de venir a un sitio más íntimo conmigo. Ellas se venían y allí estaba besándolas toda la tarde. En esta época tenía un autoconcepto de tío bueno muy grande, gran ilusión y dedicación y eso dio sus frutos.

La gente no tiene que necesariamente empezar en el nivel más bajo e ir subiendo nivel a nivel, puede subir más rápidamente, o empezar en niveles más altos. Lo que no tienes es experiencia. La clasificación que hice en cuanto a los niveles seductores se basa en la experiencia y conocimientos y no tanto en los resultados.

En esta época yo era tonto en conocimientos, pero no lo era en resultados debido a la gran ventaja de la belleza. Tenía muchos éxitos y los resultados no eran para nada de tonto, sino más bien de muy listo. Para la edad era súper listo, pues nadie hacía prácticamente nada, besar a las chicas en esa época remota era considerado por todos de maestro.

Estamos hablando de los años 80 en España, además, vivía en una ciudad muy tradicional, donde a la gente muchas veces le daban los 20 o 22 sin ninguna experiencia. Esto no era América donde algunos a los 13 o 14 hasta se acostaban con las chicas.

Teniendo el autoconcepto como "el más guapo" podía entrar a cualquier chica sin miedo. Y no solamente me hacían caso, sino que algunas no se creían que hubieran sido ellas las elegidas, porque se consideraban muy inferiores a mí. Esto me daba muchísima confianza. Si tienes esta ventaja tienes que usarla, si no la tienes, crea una ventaja competitiva en tu cabeza. Sintiéndome por encima del resto hasta me ligaba a las tías más buenas de la ciudad con gran facilidad.

Yo tuve esta ventaja competitiva y esto hizo acelerar el proceso de aprendizaje. Gracias a esto se avanzó mucho más rápido.

Anteriormente a los 14, 15 y 16 era casi tan guapo, pero mi timidez afeaba mi belleza. Ahora a los 17 estaba exultante.

¿Qué puedes aprender tú de esto?

- Si tienes una ventaja competitiva abusa de esta ventaja metiéndotela en la cabeza y adquiriendo la confianza necesaria para verte por encima de cualquiera.
- Si no tienes esta ventaja competitiva, debes crearla

artificialmente con tus pensamientos. Así de tanto repetirte esta ventaja, de tanto pensar en ella y creer ciegamente que realmente tienes esta ventaja, ésta se materializará en la realidad.

Por ejemplo puedes creerte el más atractivo, el más duro, o que tienes algo especial que atrae a las chicas, aunque no seas guapo. Esto es mucho más difícil que la vida regalada que tuve, donde la propia realidad, sin yo pensar nada, me decía a gritos que tenía esa ventaja.

También debes aprender que los grandes guaperas no tienen ningún mérito, pues solamente por ser guapos les vienen las chicas, y que a veces detrás de su belleza no hay gran sabiduría o conocimientos, ya que ni siquiera son atractivos, pues detrás de su belleza esconden grandes inseguridades, como me pasaba a mí.

Ser guapo en general es una ventaja, pero también es una desventaja, pues desarrollarás muy poco tu carisma

Así que si eres guapo tendrás la ventaja de ser guapo, y si no lo eres tanto, tendrás la ventaja de que tendrás que desarrollar más tu mente para suplir esta deficiencia. Esto de no ser guapo no es una desventaja, es una oportunidad. ¡Claro que es más duro! y también es más difícil, lo se, es mucho más duro. Al principio es una desventaja enorme, pero siempre detrás de una desventaja hay una enorme oportunidad. La oportunidad en este caso es que te verás obligado a crear una personalidad atractiva. Si consigues crear esta personalidad atractiva, esto será mucho más sólido que la gran belleza, que a veces en pocos años se va, mientras que crear una personalidad atractiva crea una ventaja mucho más robusta y que además permanece toda la vida.

El guapo si no desarrolla nada más, en cuanto deja de ser guapo, deja de ligar. Esto sucede porque se suele acomodar, no está acostumbrado al no, al rechazo, a esforzarse, no se quiere esforzar porque para él eso es insultante. A veces de tan alto su ego, acaba hasta cayendo mal a las chicas. A veces, caen en depresiones en cuanto esa belleza merma. Algunos a los 25 ya se estropean y caen en picado y no remontan.

También algunos guapos que no potencian mucho sus otras armas, acaban pensando que ligar es algo de la juventud, y en su cabeza en cuanto ya no son tan jóvenes se ven viejos y acabados. Así que lo que en principio es buenísimo puede ser una desventaja al final, y lo malísimo puede transformarse en una enorme ventaja. Al final todo depende de ti, de tu cabeza, mucho más que de tu belleza.

A la postre crear una personalidad atractiva es una vía más dificultosa, pero mucho más sólida duradera y meritoria, y esta personalidad acaba convirtiéndose siempre en un arma muy superior a la belleza.

También hay que decir que es difícil que el guapo no desarrolle otras armas, pues de tanta interacción, y tanto contacto con las chicas, aprende más rápidamente como son y cómo gustarlas, con lo cual si se pone a pensar y analizar las cosas, el guapo puede adquirir sabiduría muy rápidamente.

Si el guapo es además listo, esto le otorgará una ventaja definitiva e inalcanzable para el resto en ese momento. El guapo llegará a niveles muy altos rapidísimamente. Esta belleza que le da ventaja no la tiene el normal, por ello su subida será mucho más lenta a medida que vaya a creando su personalidad atractiva. Tardará años en alcanzar las prestaciones del guapo. Pero no hay que preocuparse, se va más lento pero más seguro. El guapo algún día caerá y aunque pasen décadas para alcanzar su curriculum, esto es una carrera de fondo, y al final a los 80 años es cuando hay que hacer el balance.

Muchísimas veces estos guapos tienen una carrera muy corta, pues enseguida encuentran una chica guapa con la cual se ennovian y dejan la seducción. Como dije antes, muchos no llegan a desarrollar otras armas, y si la belleza baja, no saben cómo volver a la élite.

Disfruta tu belleza si la tienes, disfruta tu fealdad si la tienes, son armas diferentes y ambas te dan la victoria si las usas bien.

Dedicación.

La dedicación te pulirá y trasformará en un seductor aun con muy escasa belleza. Usa esa arma, sufre pero persevera, al final los guaperas casi siempre dejan de ligar por ser guapos, y o se trasforman en hombres atractivos, o se extinguen.

La dedicación es un arma lenta, un arma que odiarás, un arma al principio muy inferior a la belleza, pero es un arma acumulativa, y poco a poco irás incrementando tu poder con ella. Al cabo de los años ligarás mucho más por la experiencia adquirida con la dedicación, que por ser guapo. Con la dedicación, persistiendo, siendo incansable, al final vencerás a todos los guapos, te reirás de ellos y los verás allá a lo lejos, los verás como recuerdos remotos de hombres que te superaban y que hoy no son nadie, pues han sido sepultados por océanos de tiempo, y sobre todo, de mujeres que disfrutaste. Los acabarás viendo muy pero que muy por debajo de ti, y acabarán dándote pena.

Festeja que los guapos te superan, al menos tienes rivales, si sigues el camino del maestro hasta el final, en la cumbre, estarás totalmente solo.

Qué aprendemos de todo esto.

- Que la dedicación es nuestra arma más lenta pero a la larga más buena, pues dedicándote y dedicándote, poco a poco te das cuenta de lo que haces bien y lo que haces mal, pules tu personalidad, coges experiencia y finalmente consigues hacerte un gran ligón sin necesidad de ser guapo.

Tú eres tu único rival.

Otro paso más en tu camino del maestro es este, darte cuenta de que tú eres tu único rival.

Deja de compararte con otros, de sentirte mejor o peor según te veas mejor o peor que otros. Si vas con tontos destacarás y te sentirás el más listo, pero realmente te estarás engañando a ti mismo. Si vas con súper listos te creerás tonto, cuando quizás lo que seas sea uno de los más listos del lugar. Así que deja de compararte.

Con quien te tienes que comparar es contigo mismo, y no con lo mejor que has hecho hasta ahora, sino con lo mejor que crees que puedes llegar a ser. Esta comparativa te devolverá a la triste realidad de constatar que no estás haciendo prácticamente nada, comparado con las circunstancias perfectas y tu desempeño máximo imaginable.

No te debes de martirizar por no estar en tus máximos, pero si ser consciente del infinito margen de mejora que queda. El camino del maestro es un camino largo, tortuoso, con peligros y dificultades máximas. Sólo si estás determinado llegarás al final.

¿Qué aprendemos aquí?

- Que la vida es una lucha contra tus inseguridades, miedos y carencias. Esta lucha es la que debes emprender toda tu vida, siendo todo lo exterior una manifestación de tu victoria o derrota en este campo.

Empezando a rentabilizar
el miembro.

Hasta ahora en el camino del maestro solamente hubo mejoras mentales, unos pocos besos y poco más, ahora llegó un momento en que me di cuenta de que todo eso no me satisfacía del todo y que quería mucho más. Quería practicar sexo con las chicas que me ligaba, que ya eran bastantes, y la verdad que quedaban súper desaprovechadas, pues poca cosa estaba haciendo. A algunas las tocaba una teta, a otra la toqué el coño, pero superficialmente, pues no me dejó llegar bien a los labios, y en fin, estaba avanzando desde luego, pero aún no había tenido sexo a los diecinueve años de edad. Una edad súper tardía para lo que es lo normal hoy en día.

Pero una noche ligando aun sin querer comencé mi andadura en este campo. Fue con una chica extranjera en el lugar de veraneo. Con esta experiencia comprendí que no podía dejar escapar a las chicas sin hacer sexo, que al menos tenía que intentarlo, empecé a darme cuenta de todo lo que me estaba perdiendo por tonto.

En esos momentos tenía la creencia limitante de que para hacer sexo había que tener una novia formal, ¡y con suerte!, ella te lo permitiría hacer tras mucho tiempo, probablemente años. No habían libros, ni maestros, ni internet, nadie tenía ni puta idea de sexo ni de relaciones. Lo único que te metían en la cabeza los colegios, los padres y la sociedad en su conjunto, era que la virginidad era algo muy importante, y yo, acostumbrado a oír comentarios despectivos sobre mujeres poco dadas a esta virginidad, pensaba que todas las mujeres, excepto poquísimas que eran muy mal vistas, la practicaban. Lo normal era ser virgen hasta el matrimonio y pensaba que tendría gran suerte si lo conseguía hacer antes.

Yo pensaba que esa era la única vía y en eso estaba, pues me eché una novia y la cosa iba muy pero que muy despacio, y parecía que iba a costar años el hacerlo, si finalmente se hacía.

Con esta chica que me ligué en el sitio de veraneo me di cuenta de que había otras chicas más liberadas sexualmente. Al ser extranjera pensé que estas facilidades para el sexo, sólo eran aplicables a circunstancias muy favorables, como lugares de fiesta, y sobre todo, a extranjeras, y que eran casi nada aplicables a las españolas en su ciudad de origen.

¿Qué aprendemos con todo esto?

- Aprendemos que el camino del maestro es un camino que está lleno de trabas, estas trabas son las creencias limitantes que tú mismo tienes porque te las han programado así. Te programan para ser tonto.

¿Qué más aprendemos aquí?

- Aprendemos también que gracias a la dedicación y a la práctica, la realidad te va mostrando que es real y que es una fantasía que tienes en la cabeza. Gracias a esta dedicación por lo menos comprendí que había circunstancias favorables en las cuales se podía avanzar hasta el final.

Si me hubiese conformado con lo establecido no hubiera hecho nada, y me hubiera quedado virgen hasta los 23 o 24 años, como le pasó a casi todos mis compañeros de instituto.

Las creencias limitantes también se combaten realizando la acción contraria a dicha creencia y observando los resultados. Muchas veces te das cuenta de que lo que creías que era cierto no lo es, y gracias a esta experimentación que desmiente tu creencia, se borra dicha creencia.

Esto que te he contando aquí podría hacerte pensar ¡Vaya inútil! No importa, si, es verdad, era un tonto y bastante esfuerzo hacía para ser lo menos tonto posible. No era nada fácil dejar de ser tonto, nada pero nada fácil. En aquellos tiempos este avance de tonto a menos tonto me daba gran alegría. Hay que juzgar a cada uno en su edad, en su espacio y época.

El camino del maestro es duro, pero también es siempre un camino a más conocimientos y a más poder. Excepto entrando ya en una edad muy alta, donde pese a los enormes conocimientos, no puedes materializar bien el poder por el escaso mercado que existe, el camino del maestro siempre es a más conocimiento y casi siempre a más poder, pues hay subidas y bajadas según la dedicación e ilusión del momento, y motivándote, puedes hacer años memorables a edades avanzadísimas.

Fracasos inmensos que parecieron éxitos impresionantes.

En el camino del maestro hay inmensos éxitos que causan gran felicidad y a la larga: pena, dolor, nostalgia, y sobre todo mucho tiempo de aprendizaje perdido.

Conocí a una chica que era guapísima, buenísima, adorable, enternecedora. Esta chica me dio un gran amor y una felicidad absoluta. Esta misma chica, acabó convirtiéndose en un obstáculo tremendo para mí camino del maestro porque caí en el amor de cabeza, pero, ¡cosas de la vida!, al final quedé cansado y aburrido de esta relación.

Allá por mis 18 años conocí a una chica como dije antes estupenda, y caí a las flechas de Cupido. Caí enamorado perdido y consideré que ya había acabado mi minúscula carrera amorosa, pues había encontrado, el amor de mi vida. Y así fue, fue el amor de mi vida. Ninguna después me afectaría tanto ni me daría la felicidad que me dio esta chica. Fue una maravilla, estaba entusiasmado, me correspondía totalmente, todo era súper bonito, nunca más tuve una novia tan amorosa y buena como esta. Así que me retiré totalmente de la seducción muy feliz.

Pero, esta felicidad poco a poco se fue esfumando como humo al viento, y de querer estar con ella, mi pasión con el tiempo pasó a ser el estar con todas menos con ella, debido a la desilusión.

Esta chica se volvió muy monótona y depresiva. Me empecé a dar cuenta de que había otras chicas por ahí mucho más interesantes, y retomé mi producción de ligues aún estando con ella.

¿Qué aprendemos aquí?

- Que a más amor sintamos, más dolor tendremos después.
- Que todo cambia, nada permanece igual, generalmente las cosas en el amor van a peor, a no ser que hagamos un esfuerzo enorme, y aun haciéndolo.

El amor mata.

En el camino del maestro se cometen errores, y no por haberlos cometido ya queda arreglada esa cuestión y después siempre se hacen las cosas bien. ¡No! los errores se cometen una y otra vez aun sabiendo bien las cosas, por eso es tan duro este camino, porqué tropiezas muchas veces con la misma piedra.

Este tropezar es algo natural, pues una chica bonita y buena realmente debilita, así que es natural caer. Estas chicas pueden parar tu producción y de hecho la paran bastantes veces. Aunque parezca increíble también forman parte del camino del maestro.

Tropiezas con el amor varias veces y nunca quedas totalmente inmunizado.

Después de este amor tan bonito viene un cansancio de él, después una felicidad por volver al mercado aun estando metido en ese amor, y finalmente una ruptura, que aunque te creías ya fuerte e independiente, es más dura de lo que pensabas; y muchas veces quedas muy dolorido y triste pese a haber sucedido exactamente lo que tú querías. Esto pasa porque estabas más blando de lo que creías.

En el camino del maestro el amor es algo que te frena, te debilita, y te hace perder muchísimo tiempo. Al final duele y te deja fatal.

Pero si no caes nunca en él, ni conoces momentos de gran felicidad, ni conoces el dolor de verdad, así que el amor te golpea y tú caes herido, pero a los pocos meses, o más normalmente años, te levantas y vuelves a ser tú. Tras mucho sufrimiento te reencuentras a ti mismo pero esta vez mucho más curtido, duro y determinado a no caer más en sus terribles garras. Esto debería ser así siempre, pero a veces también quedas mal, sintiéndote culpable y eso será catastrófico.

El amor es el enemigo del seductor y solo él y la muerte logran frenar la producción. La muerte la frena en seco, el amor la frena pero no la para, y pronto, como agua embalsada que no fluye, acaba desbordándose la presa, o rompiéndose del todo, y el río vuelve a su curso natural.

¿Qué aprendemos aquí?

- Aprendemos que aunque el amor es muy bonito y algo maravilloso cuando estás en él, a la larga acaba siendo un problema inmenso, y de la ilusión pasas al tedio. Cuesta mucho salir de él y volver a ser tú mismo. Puedes caer en él varias veces, pero siempre te levantas y continúas tu producción. Aquel que queda atascado jamás termina el camino del maestro.

- A más joven, pienso que más blando estás, porque toda la programación sobre el romanticismo, el amor, la familia, la tienes más metida en tu cabeza. Por eso pienso que muchos se suicidan en edades muy tempranas como 15, 18, 21, cuando el amor parece lo único importante en la vida. Por culpa del amor mucha gente ha muerto, especialmente hombres. El amor te puede matar.

El falso yo.

En el camino del maestro hay momentos de grandes maravillas y maestrías, y momentos de inutilidades absolutas, fruto como digo siempre, de la programación mental recibida. Realmente hasta que no consigues crearte tu propia personalidad y ser tú de verdad, vas penando lastradísimo por todas estas mierdas que te meten en la cabeza, y prácticamente, por lo menos en mi caso, hasta casi los 30 años, no estuve con la cabeza en su sitio. Crees que eres tú el que piensa y siente, pero es un yo artificial que la sociedad creó. Hasta que no te despojas de este yo falso, con falsos sentimientos y falsos gustos, no eres tú realmente. Esto no suele conseguirse hasta que no has sufrido duramente las consecuencias de los penosos actos de este yo inicial.

Mucha gente nunca logra deshacerse de él, otros lo consiguen rondando los 30 porque practicaron mucho, la mayoría hasta los 40 o 50 no son ellos mismos.

Al final, casi siempre tras un duro varapalo, emerge el yo real y desechas todas las creencias nocivas que tenías.

Esta debilidad tremenda de ese yo artificial me acarrearía enormes problemas.

En mi caso ocurrió que afortunadamente cuando ibas con la cabeza así de mal, no fue la chica la que me puso en mi sitio, sino la propia vida. Ya te has desviado tanto de tu camino del maestro que la hostia que recibes es tan gorda, que por fin enderezas y vas por el camino correcto por primera vez en tu vida.

Sobre los 22 y 23 me deshice de este falso yo y fui mi creación exitosa, lo cual fue una maravilla y sucedió lo que voy a contar en el siguiente capítulo.

¿Qué aprendemos aquí?

- Si quieres triunfar debes construir un nuevo yo más poderoso, pues el de serie viene con una programación incorrecta.
- Este cambio es positivo, pero si aflora el antiguo yo esto causa tremendo dolor.

Compañeros estresantes.

Durante los veraneos, ya desde el 88, pero especialmente a partir del 92, cuando se fundó la organización de ligones profesionales entre los ligones más espabilados de allí, se aprendió mucho y se ligó mucho, pero realmente fue un aprendizaje muy duro y muy estresante.

En esta época, ya estaba hastiado de la novia y me liberé de la fidelidad. Todos los ligones y no ligones nos juntábamos allí en el lugar de veraneo, Benicasim. Nosotros los ligones, los de la O.L.P. (Organización de Ligones Profesionales), nos dedicábamos a ligar a todas horas, por la mañana, por la tarde, por la noche, salíamos prácticamente todos los días. No había un momento en el que no estuviéramos mirando a alguna chica, o pensando en ligar con alguna. Y así pasaban los veranos.

Lo malo de todo esto era, que aparte de esta tensión que tú mismo tenías por las ganas enormes de ligar, tus compañeros no hacían otra cosa más que estresarte todavía más, pues la competencia era muy grande y cualquier cosa mal hecha, o cualquier interacción que no iba bien, era ridiculizada y criticada por todos. Los éxitos que tenías también eran ridiculizados y criticados por algunos, así ponían nombres ridiculizantes no sólo a las que ligaba yo, sino a las que ligaba cualquiera.

"La morcilla", "la loca", "el monstruo", "Nenuco", "Elenana", esos nombres se ponían a tías muchas veces buenísimas, como "la morcilla", a la que llamaron así porque iba de negro y era una tía buenísima, pero buenísima. El monstruo, porque era una tía grande y alta, Elenana, porque se llamaba Elena y era un poco enana, ja ja, ese lo inventé yo, cosas así.

A veces nos ligábamos hasta a las mismas.

Prácticamente no tenías a nadie de confianza, pues aunque tenias algunos seguidores y aliados que te valoraban como su líder, no eran muy leales, pues no siempre estaban ahí para salir contigo, a veces cambiaban de bando según quien fuera el hombre más fuerte, y el que parecía tu aliado después se aliaba con un rival.

También tengo que decir que el 90% de los ataques procedían de una única persona, el cabecilla del grupo, Pedro. El montó el grupo y le rendían pleitesía los de nivel más bajo. El matador y yo éramos los retadores de este hombre y también ridiculizábamos sus numerosos éxitos, pues eran efímeros e inconsistentes. Esto era debido a su escasa capacidad para transformar sus ligues en chicas a las que llevaba a la cama. Este hombre besaba a muchísimas, pero no se acostaba con ninguna prácticamente.

El matador y yo éramos aliados y rivales a la vez y las traiciones y grandes colaboraciones se sucedían. En los veranos en los que hubo colaboración destronamos ambos a este líder, y en los que no hubo esta alianza no fueron tan buenos.

Competíamos a ver quién era el más fuerte de los tres, cada uno teníamos nuestros seguidores y éramos rivales entre nosotros.

El verano del 92 cayó a mi cuenta claramente y así fue reconocido, así como el del 93 empatado con "el matador" muy igualados ambos. En el 94 clasifiqué segundo habiéndome aliado con Pedro porque el matador se había echado una novia y no concursó. Con Pedro pese a todo no fue tan mal la cosa y se hizo un buen verano, el 95 fui último pues el que se hecho una novia fui yo y llegue súper bajo de forma, gordo y medio enamorado. Fui el peor no sólo de entre los tres, sino de todos en un verano pésimo. El 96 fue un verano de traición del matador que compitió contra mí y me venció, quedé tercero y bastante por debajo, y el 97 tercero otra vez pero más cerca del segundo.

Pues así andábamos ahí todos haciendo alianzas, rompiéndolas y sobretodo compitiendo a ver quién era el que más ligaba. Yo con este estrés no rendí bien mas que los dos primeros años cuando tuve muchos aliados y seguidores, el resto por el desgaste de esta guerra, no me sentí del todo cómodo, y no pude dar mi mejor versión.

En cuanto empecé a seducir yo sólo, dejando de ir con esta gente tan competitiva, estresante y de pésimo compañerismo, empecé a tener muchos más éxitos. Esto fue después, en mi ciudad, Santiago, a partir del 97, allí en Benicasim no podías salir solo, pues era muy difícil zafarse de todos estos despreciadores, traidores y rivales, pues cada noche venían a buscarte tus supuestos seguidores, o directamente tus rivales. A veces conseguías ir con alguno menos nocivo y ahí era cuando ligabas.

Normalmente dentro del grupo se hacían subgrupos de dos o tres con un cabecilla y uno o varios seguidores, te buscabas un compañero más amistoso que no te fastidiase e ibas con ese. Las veces que no tenías a ningún aliado con quien ir de entre tus seguidores o muchachos más afines, tenías que ir con tus rivales y esa solía ser una noche de mierda donde todo era tensión.

Así andábamos en la pelea de gallos, jodiéndonos las chicas los unos a los otros y por supuesto despreciando los éxitos del rival al máximo.

Esto era la guerra, siempre había mucha competitividad y el que un verano era tu aliado, al siguiente se transformaba en rival acérrimo. Esto lo hacía mucho "el matador" y por culpa de sus traiciones no pudimos vencer al líder en más ocasiones.

Y sí entre nosotros nos peleábamos y despreciábamos, ni te cuento lo que pensábamos de todos los demás. Nos reíamos de ellos, los veíamos como tontos y nos sentíamos tan superiores, tan por encima, que incluso sí venían a hablarnos procurábamos que esta interacción fuera lo más breve posible, pues no los considerábamos ni dignos de hablar con nosotros.

Todo esto pasaba únicamente en mi lugar de veraneo, en mi ciudad Lugo sin esta competitividad extrema, con amigos mucho más amigables, instauré un reinado del terror los años 92 y 93, que aún recuerdo como poderosísimos más de 30 años después.

¿Qué aprendemos aquí?

- Que si ya es difícil ligar para un joven inexperto, el juntarte con personajes que no hacen otra cosa más que crear tensión y perjudicar, no te beneficia en nada, y que debes de salir con compañeros satisfactorios o salir tu solo.
- Que hay que ser jactancioso y chulo pero no arrogante y despreciador.
- Que las buenas alianzas dan buenos resultados y las malas pésimos.
- Que realmente no puedes dar tu máximo si no estás en un ambiente agradable.
- Que aún estando en un ambiente hostil la inmensa dedicación hace que avances.

Este lugar de veraneo fue un lugar duro de aprendizaje, lo menos positivo fueron estos compañeros que realmente hicieron que no se disfrutase tanto el interactuar con las chicas.

En un auténtico infierno, donde cada noche alguno ligaba, y tenías después que aguantar sus desprecios, me curtí.

Esto me sirvió para separarme de gente nociva y juntarme solamente con gente validada por mí. Tan pronto como eliminé estos personajes, empecé a ligar mucho más, a sentirme más poderoso y a disfrutar muchísimo más.

Primer reinado del terror. Destellos del Fucking power.

E sto que conté en el capitulo anterior ocurría sólo en la ciudad de veraneo durante 1992, 1993, 1994, 1995, 1996 y 1997, el grueso del año sucedía lo que contaré ahora

Ahora volvemos a 1992 en mi ciudad habitual, Lugo, mientras estaba con esta primera novia. Hacía tiempo ya que no me sentía muy bien, pues sentía que me aburría terriblemente, no me parecía ni divertida, ni estaba en sintonía con nada que ella pensaba, se había vuelto una chica, sosa, aburrida e incluso depresiva, y aunque era una maravilla de persona, realmente me aburría y no la tenía muy valorada en estas etapas finales.

En esa época conocí a una pandilla de amigos y amigas y me lo pasaba muy bien tomando por ahí vinos y riendo, y esto me espabiló mucho.

Ocurrió también que un amigo me contó que follaba con chicas sin ser novio y sin ser nada de ellas. Esto me dejó en shock y me enrabietó por tragar con las mojigaterías de la novia, a la que me costaba muchísimo convencer para hacer sexo. Me sentí un idiota, y quise poner las cosas en su sitio follándolas a todas a partir de ese momento.

Un día así sin más, vi realmente la luz. Yo estaba oyendo música, y esta me inspiró. Comprendí un significado oculto y místico tras la letra y supe que era una señal. Me sentí trasportado, como neo que toma la pastilla y ve por fin la realidad. Costó 22 años tener esta revelación, pero esto me cambiaría para siempre y fue como un despertar. De repente, me sentí diferente. La letra de la canción me inspiró y me sentí mucho más malo, mucho más sinvergüenza, sentí un inmenso poder, supe que mi etapa de formal había acabado y que ahora iba a ser malo, ligón, chulo y jactancioso y me sentí de puta madre.

Tras sentir el fucking power por primera vez cambié mi comportamiento a exactamente como me había sentido, e importándome poco las consecuencias de mis canalladas, me dediqué a ligar allí en mi propia ciudad a toda tía buena que veía.

Me ligué a dos muy guapas con enorme facilidad y una de ellas perseveró mucho.

Ahora volvemos al sitio de veraneo donde tanta competencia había. Era el 1992 y se acababa de fundar la O.L.P.

Me fui a mi sitio de veraneo determinado a triunfar, allí intenté e intenté y no salía nada, pese a sentirme tan atractivo y con tantas ganas, no ligaba. Finalmente hubo un día que me desmoralicé y pensé que no ligaría más, que era imposible, pues llevaba 20 días entrando a chicas sin parar, por la playa, por la calle, por las noches, fue una dedicación agotadora e infructuosa. Ya debía de llevar más de diez fracasos consecutivos con chicas que no llegaba a ligarme. Chicas a las que les dedicaba esfuerzo para no conseguir nada. Me dediqué tantísimo esos días que quedé exhausto, y hundido por el fracaso, dije que lo dejaba, que había fracasado, que me resignaba a ser un fracasado y que volvería a ser formal con la novia.

Una semana después de este triste momento, empezaron a venir a mí literalmente las chicas a las que entré. Vino una a buscarme y me propuso quedar, y ¡vaya si la ligué!, a ella, a su amiga y a un montón. De repente follaba casi todos los días a estas dos amigas en secreto, e hice un record de ligues que nunca más fue batido. Fue el matador el que generoso, aportando de sus propios ligues, me presentó a estas, y gracias a esto arranqué por fin, e hice un verano de leyenda, ligando y follando tías buenísimas y entregadísimas, dándoles por el culo literalmente y haciendo todo lo imaginable ya de comienzo, con todo el fucking power.

Creo que al final hubiese ligado igual sin esta ayuda, pues la dedicación hacía que cada vez estuviese más cerca del triunfo.

Aquí con tanto estrés y tanta competencia no podía imponer a gusto mi belleza, pues estos también eran grandes guaperas y mermada esta ventaja, quedaba debilitado pues no tenía aún otras armas tan poderosas como esta.

Después volví a mi ciudad de residencia habitual Lugo muy crecido, y allí, sin competencia, instauré un reinado del terror. Cada noche salía y cobraba mis piezas que eran de calidad altísima.

Una noche con un poder y pegada brutal me ligué varias esa misma noche. Me ligaba las que me gustaban y de paso a todas sus amigas también, y a sus hermanas, no quedaba tía indiferente a mí. De repente el poder retenido en estos años con novia se desató de modo brutal, y realmente aquí alcancé ya el nivel máximo. No tenía ni rival, ni miedo, ni remordimiento alguno. No tenía todos los conocimientos, pero si el poder, y esto fue una puta masacre.

Este reinado del terror duró casi todo el 92 y todo el 93.

Aquí estuve brillante y me sentí un gran campeón, hice un record de ligues en el 93 que costó diez años batirlo, estaba totalmente en el mercado y con la cabeza bien, cosa que después no continuaría así.

En el 93 me ligué a una amiga de mi novia, quedé con ella y ese día me sentí malo y libidinoso y pensé -esas tetas son mías- y al rato, no tras meses como con la novia, al rato, las estaba chupando y amasando. Hice grandes pero grandes maestrías. La más grande fue que me follé a la novia de uno al que le tenía admiración por guapo y ligón, un tipo al que consideraba el único superior a mí. Además esta chica estuvo conmigo durante muchos meses, y así, follando a la novia del que consideraba superior, ya no vi a nadie superior. Este hombre era vigilante de seguridad y tenia pistola, pero no me importó jugarme la vida por follar a esa guapa y culona chavala. Fui consciente de que era un gran cabrón y de largo el mejor de mi puta ciudad.

Tan jactancioso y chulesco estaba que no tenía miedo a nada.

Un día me encontré a mi ex maestro al que le follé la novia y se quedó sin ella por mi culpa. Yo lo vi y pensé -no pasa nada-.

Me vino a hablar muy amistoso, dijo que ya no salía con la chica que estaba y que se había enterado de que ella le anduvo poniendo los cuernos. Yo le dije -¿Pero sabes quién es? Y él dijo que no.

Fuimos a tomar unas cañas y estuvimos hablando de tías amigablemente. Me preguntó -¿Y tú qué? Y yo le dije que había estado follándome a una y le conté mis folladas con su novia y él se rió y estuvo pasándoselo bien y de puta madre conmigo. Me invitó a las cañas y todo. ¡Gran tipo!

¿Es o no es esto de maestro? Esto lo hice a los 23. Esto era Jauja comparado con el sitio de veraneo.

Afirmo que cualquiera de cualquier ciudad de España por ligón que fuese en su ciudad, si hubiese salido con los de la OLP hubiese sido, no vencido, sino humillado por cualquiera de nosotros.

Aquí en Lugo sin rival, imponiendo mi pequeña dictadura, tenía a las chicas de la ciudad rendidas a mis pies.

Salí con otra tan contento cual nueva novia por todo el centro de la ciudad, sin importarme que me viesen. Me ligué a otra guapísima con la que cada noche me daba el lote horas y horas. En esta época, alcancé por un par de años el nivel máximo en cuanto a resultados, y también tenía la cabeza muy bien, pero aún quedaban ocultas debilidades que salieron a flote más tarde. Pero podemos decir, que en cuanto a poderío, alcancé el máximo ya a los 22 y 23 años.

También en mi ciudad me ligué a una de esa pandilla con la que andaba, lo cual me dio un fuerte subidón, pues era una que me gustó mucho antiguamente, y para mí fue algo muy importante. Aquí apliqué el fucking power y torcí la realidad, porque realmente no tenía muchas posibilidades, pero con la maestría de los ángulos y las distancias que empezaba a desarrollar, y sobre todo sintiendo el fucking power, la enganché y sucumbió para su propia sorpresa. De esto se enteró el novio de ella que además era medio delincuente. Le eché huevos salí vencedor y no me pasó nada.

¿Qué aprendemos aquí?

- A sentir el fucking power. Para ello prestaremos intensa atención a algo, especialmente a canciones que empoderan y que antes no nos dábamos cuenta de lo que en verdad decían.
- Que se puede triunfar aun estando los conocimientos en sus rudimentos.
- Que la dedicación da sus frutos.
- Que el estar cabreado porque no se materializa lo que tú crees que mereces, hace que te esfuerces a tope.
- Que el triunfo llega siempre aun parando si antes hiciste bien las cosas.
- Que se puede ser un maestro muy pronto.
- Que puedes ocultar tu antiguo yo y crear uno mucho mejor.
- Que has de creer en ti y tener fe.
- Que hay que ser osado.
- Que hay que ser despreocupado de los riesgos.
- Que hay que ser desafiante al peligro.
- Que hay que apabullar y jactarte de ello.
- Que si te crees el mejor, te convertirás en el mejor.

Debilidad.

Después de mucho hacer el canalla, después de llegar a la puta cumbre, estaba muy seguro de que esto sería así siempre. Había ya roto con la novia por no hacerle más daño y todo iba perfecto.

Pero un día la vi y volví a recordar las sensaciones del principio con ella, esto me atormentó e hizo que me desmoronase por completo, me sentí fatal, me dio pena perder ese amor tan bonito que tuvimos y quise volver a sentir lo que sentí al principio con ella.

Ella, tras mucho insistir volvió conmigo brevemente, pero nada convencida, y finalmente, me dejó. Quedé totalmente abatido, triste y arrepentido de mis maldades, me sentí muy mal, avergonzado de lo que había hecho y con deseos de volver a la senda del buen chico.

Cuando se rompe una relación puedes salir de dos maneras:

Con ilusión por conocer chicas, pasarlo bien, y sin querer entrar más en una relación así. Con lo cual esta ruptura es muy buena.

También puede ocurrir lo contrario, que pienses que ha sido tu culpa, que estés arrepentido, que estés jodido y que nada más salir de esa relación quieras buscar otra para redimirte, para ser bueno, para volver a ese amor idílico. Esta es la peor salida posible, la que provocará terribles sufrimientos, y esto es lo que me pasó a mí. Después de este primer amor me quedé con remordimientos y más blando que nunca, blando buscando de nuevo el amor, sintiéndome malo y culpable, en este estado era la victima perfecta para que cualquier mala mujer me jodiese vivo.

Es increíble que después de las maravillas que hice me debilitase así, esto fue debido a que no había destruido aún mi antiguo yo, solamente lo había encerrado en la cabeza y sustituido por el nuevo, pero aún estaba ahí para joderme la vida y con este rencuentro salió de nuevo el antiguo yo.

Creo que era demasiado joven y que estaba este yo nuevo demasiado recientemente construido, así que tan pronto como me expuse a la fuente de mi debilidad, la novia, se rompió mi creación.

¿Qué aprendemos aquí?

- Que nunca debes sentirte culpable al acabar una relación, o esta debilidad hará que te comportes muy bondadosamente en la siguiente y abusarán de ello.
- Que no se sabe lo fuerte que es el nuevo yo hasta que no lo expones a lo que lo debilita.

Segunda novia. Penar por amor como imbécil.

Ahora después de esta primera novia ya no estaba tan contento, ya no era todo happy, había sufrido de verdad por primera vez en la vida, esto me hacia estar cabreado y frustrado. Esta frustración fue en aumento, pero también el deseo de encontrar otra buena chica.

Lo que me pasó fue horrible, pero a la larga, lo mejor que me pasó en la vida, pues tras mucho sufrir, finalmente me hice duro gracias a ello. Ocurrió que conocí a otra chica que estaba muy bien y que me gustó, y tuve la desgracia de tener éxito y salir con ella.

Yo que ya era un cabrón y un maestro, me quise contener y ser bueno. Estaba triste por perder a la primera novia y me prometí a mi mismo que me portaría bien con esta segunda.

Esta chica era muy diferente a la primera y eso me ilusionó, era súper alocada, divertida, fiestera y salidora, y eso en principio me encantó. También estaba muy buena y era, al revés que la primera, muy carismática, parlanchina, y divertida. Yo con lo blando que estaba, sucumbí por completo a sus enormes encantos y me lancé a la relación.

El problema era que esta chica no era nada dulce ni cariñosa, ni tan buena como la otra, lo único que le importaba era salir de fiesta, muy por encima de estar conmigo. Al principio fui con ella a sus incontables fiestas, pero no me sentía nada bien, no me hacía el suficiente caso, me sentía poco valorado, triste, poco correspondido, y a veces incluso, sentía como que le sobraba en su vida.

Yo me contenía de contraatacar los numerosos desplantes que me hacía, seguía ahí errando aguantándole sus tonterías, estando necesitado y dependiente.

Pero había broncas y discusiones cada vez más frecuentemente, y un día ya se cansó de mí y me dejó.

Tras un año haciendo el imbécil, sufriendo como jamás en la vida, tratando de sentir amor y no sintiendo nada más que tristeza, soledad y decepción, ella me pagó esta bondad con su escasa valoración hacia mí durante la relación, y finalmente con el abandono.

Quedé tan mal que me trasformé por completo en un tipo malo malísimo cuyo objetivo era vengarse de ella.

Esta chica no era mala del todo, creo que ni siquiera era mala, sólo era fría y tampoco era su culpa ser así, en el fondo, muy en el fondo, era bastante buena, pero te hacía rabiar muchísimo.

¿Qué aprendemos aquí?

- Que no inicies ninguna relación en estado melancólico o queriendo compensar algo del pasado.
- Que tu nueva novia no te va a consolar por lo que hiciste en el pasado.
- Que tienes que empezar alegre y despreocupado cualquier relación.
- Que en el camino del maestro te puedes extraviar años enteros dominado por viejas creencias que te debilitan.
- Que para ser frio y duro, primero has de ser cálido y blando.
- Que en el sufrimiento se forja la determinación a no sufrir más
- Que nadie, ni siquiera tu novia te va a entender, ni ayudar en lo importante para ti.
- Que no confíes en nadie especialmente en tu propia novia.

Segunda novia. Mi conversión en psicópata.

Después de que tras aguantarle todo me dejara, entonces no sólo recuperé mi obra, mi yo cabrón y ligón sino que lo hice muchísimo más malo. Al poco tiempo de dejarlo ella volvió conmigo porque pese a todo, algo le debía gustar, o tenía ella alguna bondad oculta y le remordía lo que me había hecho.

Pero el yo que había conocido ya no existía, ya me había trasformado en el yo cabrón, y ahora le haría pagar todos sus desprecios. Esta sería la versión de más cabrón de toda mi vida.

No hubo un día en que no pensase que era una mala persona que se merecía todo mi odio y maldad.

Castigué con severidad y la engañé con docenas y docenas durante años, pues retomé mi carrera a los 26, pero esta vez siendo un auténtico psicópata, pues no sólo no me arrepentía de nada, sino que gozaba mis maldades y me excitaba sádicamente haciéndola sufrir. Me ensañé con ella.

Estuve medio loco dedicado a despreciarla, humillarla y hacerla sufrir, y lo conseguí totalmente. Ella se portó infinitamente mejor conmigo, pero yo no aflojé ni un ápice el castigo y lo sufrió por cuatro largos años.

No estuvo bien lo que hice, pues le hice excesivo daño, pero en esos momentos era lo que sentía. Aquí no me importaban mucho las que me ligaba, sino que la venganza que me cobraba era lo que más me gustaba.

De paso follé y ligué un montón.

Estos tiempos aunque ligué mucho, fueron tiempos oscuros, donde el exceso de maldad fue eso, un exceso. Al final las pocas veces que la veía ella se comportaba bien conmigo pero ni con esas aflojé. Estaba rabioso.

Muchas veces ella no sabía nada de mí durante bastantes días, le colgaba el teléfono, o no lo cogía, o follaba y me marchaba a follar con otra. La dejé varias veces, tuve otras novias, incluso salí con varias a la vez además de ella. A todo le decía que no y ella acabó diciendo a todo que si, y sufriendo por mi increíble dureza.

Finalmente, una noche en la que la novia me había llamado para salir y le dije que no, me llamó después una rubia culona que me había ligado y salí con ella. En una calle me encontré a la novia mientras iba agarrado con esta tía, por cierto mucho más despampanante que ella. Ella me vio, pegó un grito, y se fue corriendo.

Y así se fue esta novia y se liberó de mi sadismo.

Yo como con la otra tuve un pequeño bajón, pero muy pequeño, la llamé pero nunca me cogía la llamada y tras sentirme mal unos pocos días por ser tan, tan, malo, en poco tiempo pensé, ¡mejor! ¡Que se vaya!

Después de tanto odio un día la encontré y le pedí perdón por todo el mal causado y ella me perdonó, y así calmé mi mala conciencia y me sentí mejor. Ese día estuvo a nada de volver conmigo. Estuvo a punto de acostarse conmigo cuando ya tenía otro novio, pero por suerte había muy escaso tiempo y cuando le dije de acostarse conmigo dijo que no daba tiempo y era verdad. Ella quería. Y así por pura suerte evité caer otra vez en esa trampa que no hacia bien ni a ella ni mi.

Dejar una novia es bueno, perder una novia a la que amabas mucho es lo mejor de tu vida. Duele muchísimo, pero te libra de la debilidad y te devuelve al mercado donde siempre debiste estar.

Después de esta terrible experiencia, aplaqué el psicópata que había creado y quedé en el punto perfecto de edad, experiencia, maldad y sabiduría, para instaurar otro gran reinado del terror en Santiago. Este reinado fue mucho más poderoso cruel y despiadado que el anterior.

¿Qué aprendemos aquí?

- Que de nada vale querer volver a ser bueno cuando ya te has programado para ser malo.
- Que no vale la pena soportar cosas que no te gustan de una chica.
- Que no vale la pena seguir por venganza.
- Que no vale la pena ni sufrir los desplantes, ni torturar.
- Que es mejor seguir tu camino y dejar a las chicas que dan problemas. Porque siendo bueno no consigues nada bueno de ellas y siendo malo las haces un mal excesivo que ya no merecen.

Hoy en día le deseo lo mejor a esa pobre chica que sufrió mis locuras más grandes, locuras que venían de malos sentimientos, de la debilidad, del deseo de venganza. Locuras que luego se vuelven contra ti y te sientes excesivamente malo.

La mayor dureza es hacerte respetar y no tolerarles sus abusos. Si no consigues esto, déjalas sin contemplaciones y jamás cedas a sus súplicas.

La mayor dureza no es castigar ni vengarse, la mejor dureza es dejarlas y no importarte ellas nada nunca más, pues te fallaron, no se merecen ninguna oportunidad ya que no se portaron bien contigo.

En este caso me agradé de más, aprende esto y no seas un trastornado como fui yo. Libérate y avanza.

Segundo reinado del terror. Arrasando.

Ahora sí di rienda suelta a todo el fucking power, despejé la cabeza de rencores y sufrimientos y me comporté de un modo mucho más positivo, alegre y feliz. Perder mi novia fue maravilloso y disfruté muchísimo más que antes. En estos momentos era el año 2000 y tenía 30 años y empecé a ligar y a follar con mucha más frecuencia todavía. Además, ejerciendo un dominio poderosísimo, siendo codiciado y valorado por las mujeres de mi ciudad.

En estos momentos conocí a un hombre portentoso en la seducción, "el francés", y mi alianza con él dio unos resultados espectaculares, a un nivel muy superior a mis anteriores alianzas en mi lugar de veraneo.

Con este hombre se subió no uno, ni dos, sino tres niveles más alto que antes, y se hicieron cosas realmente increíbles que para contarlas todas necesitaría hacer un libro de mil páginas.

El francés y yo éramos los amos de la ciudad, e hicimos veranos de records desde el 99 hasta el 2005. Realmente era tanto el poder que se nos iba la cabeza por completo. Yo decía la frase "i love this game" refiriéndome a lo que me gustaba ligar. Nos hacíamos llamar los fucking amos.

En esos años se produjo un frenesí loco y sexual que relataré más adelante. Abría muchísimo que contar, si me pongo a contar las aventuras más destacadas meto aquí hojas y hojas y no es lo que quiero. Además para eso está mi obra secreta.

La enseñanza de todo esto es que, cuando dejas atrás las blandezas y también las durezas extremas que no te reportan tampoco nada, y simplemente sales a disfrutar, liberado de relaciones no satisfactorias, es entonces cuando das tu máximo, eres tú mismo y disfrutas más que nunca.

Ahora me encantaba mi vida y desarrollé una personalidad parecida a la de la primera etapa de gran poderío en mi antigua ciudad de residencia, Lugo, sin resentimientos y sin mierdas, simplemente me dediqué a disfrutar.

Hay tres ciudades Lugo donde viví hasta el 93, Santiago desde el 93 a ahora y Benicasim mi sitio de veraneo donde fui desde el 80 al 97.

Esta fue una época estupenda, estoy hablando ya del año 2000 en adelante en Santiago, en la cual aunque entré en relaciones pequeñas, rápidamente salí, pues ya no creía en ningún amor. Simplemente estuve con algunas chicas que me gustaron un poco más y estuve más tiempo con ellas, pero sabía que tarde o temprano iban a dar problemas y me iban a dejar, o las iba a sacrificar.

Algún pequeño tropiezo siempre hay porque no estás inmune a sus encantos, pero el daño sufrido fue mínimo. Estaba viviendo por y para el mercado, era frío y duro por dentro y sinvergüenza y encantador por fuera.

Fruto de todo esto se materializó una pequeña novia que tuve durante un tiempo. Esta novia pese a ser físicamente de las mejores, no la valoré mucho, ni me importó demasiado. Así que como yo tenía la cabeza con todo funcionando al 100% no dio ningún problema y dio un rendimiento sexual portentoso, al punto de poder decir que se trataba ya aquello de una relación totalmente porno, pues ella estaba entregadísima y, o era, o parecía una ninfómana, ¡y vaya si rindió!

¿Que aprendemos aquí?

- Que cuando dejamos atrás rencores y relaciones no satisfactorias, desarrollamos todo nuestro poder y seducimos feliz y alegremente.

- Que fruto de todo este poder aparecen chicas sorprendentes las cuales se entregan a ti en cuerpo y alma, (sobre todo en cuerpo), y llegas a unos niveles de vicio sexual altísimos que paso a relatar en el siguiente capítulo.

Disfrutando una Ninfómana.

¿Qué quedaba del buen chico inicial? Bueno, ya nada. Esta personalidad original se dejó para momentos puntuales con chicas excepcionalmente buenas. Ahora sí sabía medir, sabía cuando premiar y cuando castigar sin excederme, y encontré el equilibrio entre el bien y el mal.

En el camino del maestro no todo son sufrimientos, hay grandes disfrutes, y ahora en este momento, iba a hacerme un maestro sexual follando a la más loca y caliente mujer que conocí, una mujer que realmente no tenía límites.

Para no extenderme demasiado contaré los hechos más importantes y calenturientos.

A esta novia que duró unos ocho meses, le puse el sobrenombre de "Chochita" por su bonito chocho rosado.

El primer día ya me acosté con ella en su casa, yo follaba mientras su padre aporreaba la puerta porque sabía que estaba ella allí con alguien, y mientras su padre daba golpes, yo follaba a su hija gozosamente sin importarme una mierda ya nada. Estaba desinhibido del todo.

Disfruté su chalet de lujo con piscina muy frecuentemente, disfruté de sus comidas y de las excursiones que hacíamos.

Una vez mientras sus padres se marchaban en el coche, ellos estaban saliendo del garaje y ella se asomó a la ventana a despedirlos. Yo por detrás le bajé el bikini y estando allí despidiéndolos le metí la polla y empecé a follarla mientras ella hablaba con sus padres. A mí no me veían porque estaba más atrás ya que ella puso el culo para atrás, y así se despidió.

A los diez minutos cada día que la veía ya estaba follando, muchas veces a petición suya. Siempre follaba una, dos, o tres veces, generalmente dos, pero cuando estaba todo el día con ella tres veces, y prácticamente la veía todos los días. Follé más con ella en ocho meses que con otras en años.

Yo no sabía ni qué hacerle ya, le había dado por el culo, me había corrido en la cara y después ella había salido a pasear con la corrida por la calle. Le había metido el dedo gordo del pie en el coño, me había hecho pajas, mamadas, cubanas con las tetas, la había follado en el coche de su padre. Me había corrido en su cara con las gafas de sol puestas y había tomado el sol luego así. Una noche la eché seis polvos. Completita. Nunca dijo que no a ninguna propuesta.

El colofón de todo esto fue que cree la norma de que cada vez que subiera al coche, tenía que ir mamándome la polla todo el trayecto hasta que me corriera, y así lo hicimos durante los ocho meses que duró la relación. Yo viajaba muy contento siendo mamado por esta preciosa rubia de ojos verdes.

Y aunque hacía todas estas cosas no sentía ninguna vinculación amorosa con ella, y finalmente me aburrí de tanto follar y la dejé.

Ella que se creía la más guapa de la ciudad y la más atractiva, acabó siendo abandonada y encima quedó dolida por perderme. Yo la dejé por otra aún más guapa, menos loca, más dulce y atractiva.

¿Qué aprendemos aquí?

- Que el conocer todo sobre el sexo de tanta práctica que realizas te hace más poderoso y te da más confianza.

- Que de tanto goce acabas con adicción sexual, y que así estás más motivado todavía para seguir con la adicción.

Amoríos insignificantes.

Creo que a los 31 años llegué a un pico de poder que desde ese momento hasta los 43 años fue muy poderoso.

Dejé a la novia ninfómana y mi ligué otra más guapa que me gustó mucho más, y por un pequeño tiempo me sentí otra vez debilitado y cayendo en las garras del amor, pero esto me duraría apenas un mes y medio o dos. Enseguida vi sus múltiples defectos, sus tonterías, sus chorradas y empecé a pensar que era una niñata, como así realmente acabó siendo. Y tras disfrutar bien a esta guapísima muchacha quedé liberado. Lo pase un poquito mal al final, pero nada que no se superara en dos o tres días.

Después me ligué otra que me invitó a una ciudad muy lejana de España y me pagó el avión. Y así vivía yo saliendo con novias de corta duración que me invitaban y me llevaban por ahí. También tenía otras que me follaba aparte, iba a piscinas privadas, me venían a buscar en BMW, y era como si fuese el premio y ellas competían por estar conmigo. También tuve alguna muy tetona y folladora que hacia unas mamadas tremendas y a la que adjudiqué esa función.

En fin no quiero estar aquí contando todas mis historias, hubo muchísimas más cosas que contar, solamente voy a poner lo que creo que te puede ayudar a ti a hacerte un maestro, así que en vez de jactarme y explayarme en detalles, voy a decirte la enseñanza de este capítulo.

Aquí aprendemos que

- Aunque salgas con alguna y realmente pienses que estás formal, ya no puedes ser formal ni aunque quieras, porque estás tan metido ya en el vicio de follar a todas, que es imposible serle fiel a ninguna.

- También aprendemos que a base de tanto practicar uno se vuelve duro, te importa una mierda que se pierdan las novias, que se enfaden, o lo que sea. Llega un momento en que casi no sufres, las ves tontas y caprichosas y no tienes ninguna gana de agradarlas.

Y así valorándolas en su justa medida, tirando muy hacia abajo, y a veces puntuándolas sobre el cero, sabiendo que prácticamente da igual perderlas pues hay muchas más, y además mejores, y que las consigues fácil y rápidamente, llegas a la cumbre. Empiezas a follarte tías al primer día y aquí alcanzas casi el nivel máximo.

Ahora contaré alguna cosa más que queda pero prácticamente esto es casi todo lo que necesitas.

La soledad.

Llega un momento en el camino del maestro en el que no las aguantas más, ya no estás dispuesto a pasar por ninguna relación a ni tragar con sus tonterías, caprichos y chorradas. En este momento prefieres tu soledad y es cuando mejor te lo pasas y mejor estás.

Estando sólo nunca te faltan mujeres, pues tienes todo el tiempo del mundo para dedicarte a ligar y ligar sin entrar en ninguna relación. Ligas y dejas claro que no quieres nada serio con ellas. Esto es lo que más las fideliza a ti, entonces todas quieren salir contigo y tragar con tus exigencias. Intentan conseguir tenerte follando como leonas, pero no lo consiguen, y una tras otra son conquistadas, hechas poquito caso, y finalmente o se van solas, o las abandonas tú, pues no quieres aguantar absolutamente nada.

Y así se va haciendo una producción masiva, una producción industrial que es lo que te diferencia de todos los demás que pierden el tiempo en absurdas relaciones, que no les traen más que dolor e insatisfacción.

Cuando vino el matador aquí en mi apogeo, llevó tal paliza que dio hasta pena y dijo que nunca había visto poderío y maestría mayor en su vida como que la que tenía yo en Santiago

En tu soledad tampoco tendrás muchos amigos ya que: o estarán envidiosos, o no te seguirán el ritmo, o no te entenderán, y además no tendrás tiempo porque siempre estarás de mujer en mujer. Así que disfruta esta soledad que en el fondo no es soledad, pues estás más acompañado que nunca.

¿Qué aprendemos aquí?

- Cuando has llegado a la convicción de que estás mejor sólo que con ninguna novia, has llegado a un punto altísimo en el camino del maestro y esto será súper premiado por el mercado.
- Nada atrae más a una mujer que un hombre al que no puede retener.
- Llegar a este estado solitario y follador cuesta, pues antes sufriste en relaciones, y es que el hastío y cansancio de estas hace que te vuelvas más frío y duro que nunca, y a la vez más irresistible.
- Cuando llegas a lo más alto todos te rinden pleitesía y si no la rinden no te importa.

Siendo invitado.

De tan independiente, frío, despreocupado, y atractivo, atraes a montones de chicas que pujan por tus servicios. Algunas ofrecen sexo fácilmente, otras ofrecen también sexo pero creen que eso no es suficiente y también ofrecen dinero. Esta chicas adineradas intentarán comprarte invitándote a todo, llevándote de viaje pagando todo ellas, siendo muy amables y estando siempre disponibles para ti sin protestar nada.

Si llegas a unos niveles altísimos no solamente las aprovecharás, sino que llegará un momento en que las despreciarás, les dirás que no te van a comprar, y que no les valen sus invitaciones.

Las dejarás abandonadas, les harás desplantes muy gordos, y aun así seguirán ahí como embobadas, algunas el resto de sus vidas o al menos más de 20 años, hasta que por fin algún día se cansan de esperar por ser correspondidas y se van con algún tonto, y por fin te dejan tranquilo, y te puedes liberar de ellas y de su acoso.

Estas chicas se obsesionan contigo y tragan con que te ligues a todas sus amigas, tengas novias, no las hagas ni caso, y siempre están ahí para ti.

¿Qué aprendemos con esto?

- Que cuando te vuelves frío duro e independiente, algunas se vuelven locas y caen rendidas incondicionalmente. Este estado les puede durar muchos años, y más que amantes ocasionales, pues ni para eso las quieres, parecen tus admiradoras. Si encima no las valoras nada como suele suceder, te admirarán y no se irán ni follándote a sus amigas, ni les hagas lo que les hagas. Aquí habrás llegado a unos niveles monstruosos de maestría.

La dictadura.

Una vez que llegas a la dictadura has llegado al nivel máximo razonable, pero aún puedes llegar a más nivel haciendo locuras muy grandes. La dictadura es saber que eres el tío más ligón de tu ciudad y pensar que no hay nadie mejor que tú, por lo menos de los que conoces. Vives una auténtica vida de actor porno follando con excesiva frecuencia y poniendo en riesgo tu vida, por tanto trajín, y tanto desgaste físico.

La dictadura es dominar con puño de hierro no sólo tus relaciones, sino tu ciudad. Cada día que sales sabes que están por ahí deseando conocerte, numerosas y atractivas chicas, que pronto entran a formar parte del proceso productivo, entrando y saliendo en nuestras vidas, sin hacernos ninguna mella en nuestra dureza, ni causarnos ningún dolor.

La dictadura es ser un maestro del ligue, que ya casi ni se alegra de sus victorias, esto no es verdad, siempre te alegras un poco, pero te alegras menos, de tanta cantidad de chicas que ligas, tanto dominio, tanto éxito. Llega un momento en que podemos decir que, pese a los problemas que dan algunas, son muy pequeños comparados con los de las novias. Tú estás viviendo un paraíso en la tierra del que nunca debes de salir.

¿Qué aprendemos aquí?

- Que al final del camino del maestro está el paraíso y que este paraíso puede durar mientras tú mantengas tus capacidades al máximo en cuanto a mentalidad. Si consigues esto, solamente el físico, cuando vaya menguando, te apartará de ser el dictador poco a poco.

- La dictadura es llegar a lo máximo y hacer gestas de leyenda. Cuando todo el mundo te conoce y tienes fama de ligón, muchas son atraídas precisamente por esta fama.
- La dictadura es no poder atender a tantas que tienes y realmente dudar si estarás haciendo bien o debes aflojar para no morir de tanto follar.

Adicción al sexo.

Así es, al final del camino del maestro te conviertes en un yonqui del sexo y tienes que tener tu dosis, prácticamente a diario, o te pones nervioso y ansioso.

Si tienes muchas chicas con las que acostarte a la vez y sin ningún compromiso con ninguna de ellas, entonces follarás lo nunca visto y quedarás totalmente adicto. Esto no es bueno, es buenísimo, aquí alcanzas tu máximo esplendor y después de esto tendrás que rebajar un poco la exigencia porque esto ya es excesivo y realmente te puedes morir. Además es mucho estrés tantas mujeres, por eso tras un tiempo dando tu máximo y viendo la muerte de cerca, acabas asustándote y al final se te va la olla y pasas a hacer otras cosas más divertidas y más locas, pero menos desgastantes.

Aquí aprendemos todo esto.

- Aprendemos que este periodo de máximo follamiento sólo se puede mantener unos pocos años, y después debes descansar, o realmente te puede pasar algo muy grave.
- La mayoría no aguanta semejante desgaste y se relajan después haciendo otras actividades menos agotadoras, y como ya no queda nada que hacer después de esto, pues das la vuelta completa y vuelves a ser un chico malo pero que parece semibueno.

Sadomaso.

Si tienes un montón de chicas con las que follar acabarás haciéndolo rudamente, pues ellas mismas te lo pedirán, te dirán que las trates duro, o ves que las excita esto y así lo haces. Se te va la cabeza de tanto follar y te vuelves medio loco y follas como un actor porno enrabietado. Otras más viciosas aún ya directamente te dicen que las pegues mientras estás follándolas, o que las hables sucio.

En fin, que acabarás siendo un amo del sadomaso tarde o temprano. Después de esto ya no te excita casi nada porque esto es mucho más salvaje que el sexo normal.

Te envician por completo y bajas la producción, pues ya no te dice nada el follar con chicas al estilo normal, sino que serán estas que llegarán a ser tus esclavas, las que más satisfacción te producirán, y a las que les dediques más preferencia. Entonces debido a estas perversiones la producción bajará y relajas el desgaste.

Incluso conoces chicas así que acaban siendo tus novias y disfrutando el sadomaso. Estas al practicar este sexo sadomaso son percibidas como mejores y especiales y esto debilita más, pero pese a toda su perversión, estas chicas tan guapas y tan viciosas son novias por encima de esclavas sado maso, y eso las hace insoportables, pesadísimas, exigentes y muy aficionadas a criticar y recriminar. Acabas harto de ellas y ni con todo el sexo sadomaso que practican contigo compensa. Acabas dejándolas, pues tu dureza es superior a la debilidad que te inculcan y a sus artes amatorias. Eres frio duro y despiadado las, dejas y continúas el camino del maestro.

¿Qué aprendemos aquí?

- Que el follamiento estilo sadomaso te satisface mucho más.
- Que esto te hace bajar la producción.
- Que incluso estas que van de sumisas acaban siendo también exigentes e insoportables.
- Que ni haciendo lo que hagan te van a joder, las eliminas sin piedad.

Los picos de poder.

Los picos de mi poder sucedieron en el 92, 93, 99, 2000, 2001 2002, 2003, 2005, 2006, 2007, 2009, 2010, 2011, luego una bajada fuerte y no sería hasta el 2018 y sobretodo el 2019 cuando volvería a despuntar. Esto va por olas y en estos años de picos de poder se hicieron cifras dobles, triples, e incluso cuádruples, que en otros años más flojos.

¿Qué aprendemos con todo esto?

- Aprendemos que en los años de bonanza cuando llega la ola, cuando estás con todo tu poder, se hace muchísimo más que en años normales y estos años equilibran los malos y hacen que todo sea muy positivo.

Suceden años buenos cuando más dedicación le pones, así de sencillo, gran parte del éxito es dedicación. Quien le pone dedicación, si ya tiene la sabiduría, hace los records.

Relajando.

Finalmente acabas un poco cansado, no de tanto follar ni de tanta salida, ni de tanta fiesta y tantas mujeres; lo que pasa es que física y mentalmente estás agotado, a veces es muy estresante. Si encuentras alguna mujer que está buena, es buena en el sexo y consentidora con tus aventuras y conquistas, una mujer que se hace la tonta con tus constantes devaneos, entonces bajas el ritmo, te tranquilizas un poco y descansas.

No digo que vayas a ser formal, pero sí que te vuelves, por lo menos, vinculado a ella, y le das bastante importancia. Ella piensa que tiene novio y tú te dedicas en mucha menor medida a la seducción, pero te sigues dedicando y estás bastante contento, porque tienes una chica bien y también seduces.

Esto que empieza como algo temporal para descansar, muchas veces se convierte en algo definitivo y el seductor se va apagando poco a poco. Por eso no puedes acomodarte de más o acabará el juego. Hay que hacerlo siempre temporalmente y el tiempo justo para recuperar. Así es como acaban las carreras de los seductores que no pudieron parar esto.

¿Que aprendemos aquí?

- Que hay que descansar de vez en cuando, pero ojo no te relajes de más, pues el descanso temporal acabará siendo tu tumba como seductor si dura demasiado.
- Que sí puedes evitarlo mejor.

Las olas.

En la seducción y en general en todo en la vida, hay momentos en que todo sale a pedir de boca, como si viniese una ola de mujeres receptivas a ti, y luego una vez que pasa, queda un tiempo muy vacío, en el que, aunque te esfuerzas incluso más que durante la ola, consigues mucho menos. Tienes que estar atento y surfear todas estas olas que te vienen.

Si llega la ola entonces habrá momentos de picos de producción altos y darás preferencia a la seducción, y si hay momentos de escasez das preferencia a esta chica que te relaja y te tranquiliza. Una chica es lo normal pero también pueden ser varias.

Yo recomiendo tener la triada, al menos 3 tías.

Cuando entras ya en edades avanzadas, normalmente estás dedicándote en un pequeño porcentaje a la seducción, pues también el mercado baja. Entonces, en estos momentos, no estás retirado, pero estas semirretirado, a la espera de buenas ofertas. Y así puede acabar la vida del seductor cada vez surfeando olas un poco más pequeñas y poco a poco retirándose.

En cuanto llega la ola, pocas veces, más bien ninguna, te resistes a ella y abandonas tu tranquilidad, e incluso si esta es grande, rompes con estas mujeres que te tranquilizan y vuelves otra vez a la seducción intensiva.

Hay varias semi retiradas y vueltas. Es como olas que van y vienen, y así disfrutando las olas que van pasando y disfrutando el tiempo voluntariamente a baja actividad, va llegando el fin de tus días.

Como eres un campeón sucede que en edades elevadísimas siguen circulando las mujeres en tu vida, como no podría ser de otra manera.

¿Qué aprendemos aquí?

- Que aunque baje tu producción, que aunque estés semirretirado, que aunque te dediques menos porque ya no rindes como antes, jamás te retiras del todo y siempre estás deseoso de seducir, vives siempre para la seducción que jamás abandonas durante toda tu vida.

Siendo inmortal.

Después de décadas disfrutando como un cabrón, jactándote de todo lo que has disfrutado, vas y lo cuentas a la gente. Esto lo haces para que puedan acceder a tus conocimientos, también por pura chulería y jactancia, también para que al menos se sepa que exististe y que hiciste una vida diferente a la que hace la gente normal.

Hay mucha gente que hace esto, pero algunos como yo lo hemos hecho a niveles insanos. Yo estoy muy contento de ser adicto a las mujeres, al sexo, a la aventura y a la emoción.

A través de mis libros estos conocimientos quedarán y la gente sabrá cuál fue mi punto de vista de todo esto. Esto te da fama reconocimiento y te hace inmortal, así que después de todo, aún jactándome de todas mis fechorías, creo que esto me da prestigio.

Creo que estoy ayudando a muchos hombres a salir de una vida miserable, una vida basada en rendir pleitesía a mujeres que nunca les corresponden desde un plano de igualdad, sino que lo hacen desde una posición de superioridad a ellos, a los que tratan como sus subordinados altivamente. Es por todos estos hombres, que van a volver a ser hombres de verdad a través de estas enseñanzas, que me motivo para escribir todo esto que escribo.

¿Qué aprendemos aquí?

- Que al final te gusta ser tú, te jactas de tus conquistas, te sientes el puto amo y estás súper orgulloso de lo que has hecho.

El sentido de todo.

El sentido de todo es cumplir la función divina que te fue asignada al nacer, porque esto es algo que sientes muy dentro, sabes que has nacido para el disfrute, la fiesta, y las mujeres.

El sentido de todo es acatar esa misión que te fue asignada, Dios lo quiere y se congratula de ello.

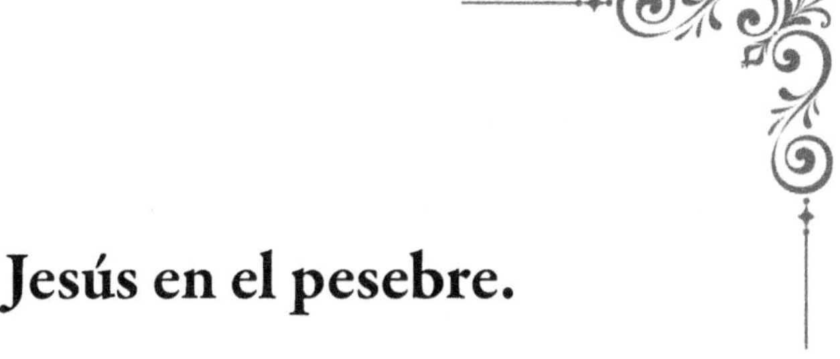

Jesús en el pesebre.

Un día oí un villancico y me hizo mucha gracia. Me llamó la atención una estrofa que decía.

-Y Jesús en el pesebre, se ríe, porque es alegre-.

Voy a ir terminando, Jesús en el pesebre es un niño que se ríe porque es alegre. Así debes de ser tú, estés en el nivel que estés, y consigas lo que consigas, debes de reírte porque nada importa ya que estás practicando y dedicándote, estás en el camino del maestro.

Viendo toda la vida en perspectiva no diferencias muy bien los buenos de los malos momentos, pues todo te parece bueno. Ahora pienso que fueron tan satisfactorios, los tiempos de penumbra con resultados horribles y sufrimientos enormes, que los tiempos de bonanza.

Ambos tiempos fueron buenos, lo que pasa es que cuando estás en los momentos malos, no te das cuenta que eso es lo que necesitas para poder llegar luego al buen momento.

Al final recuerdas selectivamente sólo los buenos momentos y olvidas los malos. Ahora pienso que fueron los malos momentos los que me hicieron ser poderoso, pues los buenos momentos fueron la materialización de lo que yo ideé en mis pésimos momentos, cuando me curtí, te determiné, me discipliné, y cambié lo que fue necesario.

Aunque es verdad que se disfrutan más los tiempos de follar como un loco, una cosa es consecuencia de la otra y todo es bueno.

Sea lo que sea lo que te pase tienes que ser como Jesús en el pesebre, un niño que se ríe porque es alegre. Así sin más, alegre porque sí. Si eres así, disfrutarás todo lo que te pase. Incluso si no llegas a maestro en seducción, si consigues ser como Jesús en el pesebre que se ríe porque es alegre disfrutarás.

Qué aprendemos aquí

- Hay que reírse, pero trabajando en el camino de convertirse en un maestro, reírse de los malos momentos porque realmente no son tan malos, porque estás ya en el camino de cambiar lo que te está sucediendo.
- Reírse porque sí es de persona muy feliz y está muy bien eso y me parece maravilloso, pero si no estás en el camino de mejorarte, esa risa pronto se convertirá en lágrimas.

Agradándote a ti mismo más aún.

Y así termino este libro, agradándome a mí mismo una vez más, jactándome de mis fechorías, sintiéndome orgulloso de todas mis masacres, y avisando de que esto no se ha acabado y que pienso continuar hasta el día de mi muerte. Y si pudiera solicitarlo, en mi próxima reencarnación volvería a solicitar ser un seductor, como creo que hice antes de nacer, pues ésta es la mejor vida que existe, muy de lejos y muy superior, a todas las demás.

Resumen final.

El camino del maestro se inicia en la infancia o adolescencia y se termina un poco antes de la muerte. Las chicas cambian, la edad cambia, pero el espíritu continúa invariable; y así a través de décadas, a través de toda tu vida, vas seduciendo mujeres por la mera satisfacción de seducirlas.

Si recorres el camino del maestro aprenderás las técnicas de seducción de las cuales aquí no he hablado nada, pero para eso están mis libros "Máster en seducción" y "JD Absoluta seducción". Con ellos y con tu práctica incesante pasarás de ser un hombre que sufre, a un tipo duro independiente, feliz y follador.

Cualquiera puede llegar al fin del camino del maestro si le pone firme determinación. Esa es tu gran arma, la dedicación, la determinación en perseverar, en levantarte, en seguir, muy por encima de cualquier físico o habilidad.

El camino tiene baches curvas y peligros, los mayores peligros siempre vienen del amor, y son las mismas chicas que conquistas, las que también te frenan.

Tú te debes a la próxima, debes de pensar en esa que está sola triste y aburrida, en esa que no conoces aún, pero que te necesita. Piensa en esa mujer y sal a buscarla. Esa mujer no es feliz, sufre. Tú lo remedias y la haces feliz.

Dedícate a tu producción, a continuar convirtiendo mujeres aburridas tristes y apáticas sexualmente, en mujeres divertidas calientes gozosas y felices.

Haces el bien, también haces un poco el mal, pero esto redunda en un mayor bien, sirves a la sociedad, sirves a la vida y es bueno justo y necesario.

La dark seducción es un arma secreta, algo oculto que nadie sabe y que tú conoces y usas en muy escasas ocasiones. Es un conocimiento que aprendiste al andar el camino del maestro, pero que debe quedar en secreto, aguardando por si alguna vez hace falta.

El camino del maestro es un camino del dolor a la alegría. De la oscuridad a la luz.

Para triunfar en el no hace falta que llegues al final, llega a donde quieras llegar, cada uno tiene sus metas y puede que no todos quieran recorrerlo todo. Si llegas a lo que te prometiste alcanzar, aun sin ser el final, habrás triunfado también. Yo no lo entenderé pero tú sí. Ja, ja.

Los compañeros vienen y van, los rivales caen, el tiempo pasa. 40 años después de haber empezado, el que permaneces eres tú, sigues en el juego en busca de nuevas gestas para acrecentar aún más tu leyenda.

Sí, estamos enfermos, si, somos inmaduros, infantiles, bla, bla, bla, todo lo que queráis, pero ¡qué bien se está así!

Y así, de trastornado a trastornado, te digo, que sé qué habrá muchos que seguirán mi legado, y que inspirados por él lo superarán con creces.

El camino del maestro es pasar de sentirte miedoso, nervioso, frustrado y triste, a sentirte poderoso, dominador, feliz y jactancioso por todo lo conseguido.

Y así el niño que imaginaba ser su héroe, acabó siéndolo.

Si las chicas ya no se acuerdan de ti por el muchísimo tiempo pasado, no importa, lo que importa es que eso pasó, que estuviste ahí, que hiciste tus maravillas. Eso quedará para siempre no sólo en tu cabeza, también en el espíritu de los libros, y si alguien los lee atentamente podrá sentir todas las sensaciones que he contado. Alguien podrá convertirse en Maestro.

A las chicas les hacemos un bien, las hacemos pasárselo de maravilla con nosotros. El camino del maestro es repartir alegría, un pelín de amor y mucha diversión.

El camino del maestro es dejar atrás las blandezas y practicar las durezas, pero también es dejar la dureza excesiva, pues esa dureza en realidad es debilidad y nos perjudica.

Yo me congratulo también por estás personas del futuro que continuarán esta maravillosa, justa, y pura vida, la mejor vida del mundo, la vida del seductor sinvergüenza y encantador.

Un día cada vez menos lejano, terminará el camino del maestro en la imaginación de un viejo que vuelve a revivir sus aventuras y a fantasear con nuevas, que ya no llegarán.

¡Tú puedes ser el siguiente maestro!

¡A jugar!
¡A volar!
¡A triunfar!

Did you love *El camino del maestro*? Then you should read *Como materializar lo que deseas con el fxxxxxx power*[1] by John Danen!

Hay un poder infinito en ti para materializar aquello que más deseas. La seducción se junta con la ley de la atracción y surge este libro, un libro donde se explica paso a paso como activar y manifestar este poder, el fxxxxxx power.

---

1. https://books2read.com/u/bopRk1

2. https://books2read.com/u/bopRk1

Also by John Danen

Seduction 5.0
S.A.X.
Chicas complicadas
Seducción 5.0
El libro del tonto
Macho Alpha
Macho alpha extracto
La seducción después de la pandemia
Terriblemente atractivo
Seducción 5.1
Seduçāo 5.1
How to be Cool and Attractive
Seduçāo. Avançada. X.
Garotas complicadas
¡Basta de ser buen chico! Sé un chico malo.
El método JD. El método de seducción de John Danen
El arte de agradarte a ti mismo
¡Basta ya de abusos! ¡Defiéndete!
Enought with the abuse! Defend yourself!
Máster en seducción
Las mujeres. El amor. Y el sexo.
Supera la dependencia emocional
Atrae mujeres con masculinidad
JD Absoluta seducción
El fracaso del amor

Entender a las mujeres
La vida del seductor sinvergüenza y encantador.
El arte de la dureza
Terrivelmente atraente
Deixe de ser um bom da fita! Seja um mauzão.
Superar a dependência emocional
A arte de se agradar
Pare o abuso! Defenda-se!
O fracasso do amor.
O método JD
Don´t Be a Good Boy! Be a Badass
Complicated girls
The Art of Pleasing Yourself
Duro y Sinvergüenza
Mestre en sedução
JD Method
The Failure of Love. The Trap of Serious Relationships
Master in Seduction
A. S. X. Advanced. Seduction. X
Women. Love. Sex
How to Become a Real Man. Be an Alpha Male
Attract Women with Masculinity
JD Absolut Seductión
Understanding Women
The Life of the Shameless and Charming Seducer.
The Art of Toughness
Tough and Shameless
Überwindung der Emotionalen Abhängigkeit
Maître en séduction
Schrecklich Attraktiv
Surmonter la Dépendance Émotionnelle
L'art de la dureté
Die Kunst der Zähigkeit

Hör auf, ein guter Junge zu sein, sei ein böser Junge

Assez D'être un Bon Garçon ! Sois un Mauvais Garçon.

Die Kunst, sich Selbst zu Gefallen

Dur et sans Vergogne

Hart im Nehmen und Schamlos

L'art de se Plaire à soi-Même

Das Scheitern der Liebe

L'échec de L'amour.

Meister der Verführung

Die JD-Methode

Maestro di Seduzione

Terriblement Attrayant

La Méthode JD

Capire le donne

Compreendendo as Mulheres

Comprendre les Femmes

Die Frauen Verstehen

Les Filles Compliquées

Komplizierte Mädchen

JD Séduction Absolue

La Vie du Séducteur Charmant et sans Vergogne

Les Femmes. L'amour. Et le Sexe.

Mâle Alpha

S.A.X.

V.F.X.

Donne. Amore. E il sesso.

Ragazze Complicate

Superare la Dipendenza Emotiva

Seduzione. Avanzata. X.

Dark Seducción

Il Fallimento Dell'amore.

Il Metodo JD

Alphamännchen

Atrair Mulheres com Masculinidade
Attirare le donne con la Mascolinità
Attirer les Femmes par la Masculinité
Mit Männlichkeit Frauen Anziehen
Frauen. Liebe. Und Sex.
L'arte di Piacere a se Stessi
Mulheres. Amor. E Sexo.
JD Seduzione Assoluta
JD Absolute Verführung
JD Sedução Absoluta
Das Leben des charmanten, schamlosen Verführers
Smettila di Fare il Bravo Ragazzo! Essere un Cattivo Ragazzo.
La Vita del Seduttore Affascinante e Spudorato
A Vida do Sedutor Encantador e sem Vergonha
Macho Alfa
Uomo Alfa
Séduction 5.0
Verführung 5.0
Seduzione 5.0
Duro e Senza Vergogna
Duro e Sem Vergonha
L'arte della Durezza
A Arte da Dureza
The Fool's Book
Das Buch der Dummköpfe
Il Libro dei Pazzi
O Livro do Tolo
Dark Seduction
Dunkle Verführung
Sedução Escura
Dark Seduction
Seduzione Oscura
Le livre du fou

Como materializar lo que deseas con el fxxxxxx power
Como materializar o que você quer com o Fxxxxxx Power
El ángel Sex-terminador
El seductor vampiro
O Vampiro Sedutor
Sex-Terminating Angel
The Vampire Seducer
How to Materialize What You Want With The Fxxxxxx Power
El camino del maestro
Il vampiro seduttore
O camiño do mestre
La via del maestro
Der verführerische Vampir
Le sedusant vampire
Der Weg des Meisters
La voie du maître de la séduction
The Way of the Master
Come materializzare ciò che si desidera con il Fxxxxxx Power
Wie Sie Ihre Wünsche verwirklichen können mit dem Fxxxxxx Power
El método EDP
O método EDP
The EDP method

About the Author

Español.

Soy un hombre vividor y divertido que busca el lado bueno de las cosas siempre.

Mi experiencia es el campo de las relaciones personales y de la seducción. Por eso tras dedicarme larguísimas décadas a ello, quiero trasmitir mis conocimientos. Para que las nuevas generaciones tengan unos conceptos que les den una ventaja competitiva sostenible y poderosa en el campo del amor.

Quiero ayudarte a a conseguir tus metas.

Portugués.

Sou um homem animado, e divertido, que sempre procura o lado bom das coisas.

Minha experiência está no campo das relações pessoais e da sedução. É por isso que, após décadas de dedicação a ela, quero transmitir meus conhecimentos.

Quero ajudá-los a alcançar seus objetivos.

Inglés

I am a lively and fun man, who always looks for the good side of things.

My experience is in the field of personal relationships and seduction. That is why, after decades of dedicating myself to it, I want to pass on my knowledge. So that the new generations have concepts that give them a sustainable and powerful competitive advantage in the field of love.

I want to help you achieve your goals

Français Je suis un homme vif et drôle qui cherche toujours le bon côté des choses.

Mon expérience se situe dans le domaine des relations personnelles et de la séduction. C'est pourquoi, après m'y être consacré pendant des décennies, je veux transmettre mes connaissances. Pour que les nouvelles générations disposent de concepts qui leur donnent un avantage concurrentiel durable et puissant dans le domaine de l'amour.

Je veux vous aider à atteindre vos objectifs.